人力资本提升与产业结构化

郝慧娟 ◎ 著

吉林出版集团股份有限公司
全国百佳图书出版单位

图书在版编目（CIP）数据

人力资本提升与产业结构化 / 郝慧娟著．-- 长春：吉林出版集团股份有限公司，2021.12

ISBN 978-7-5731-0862-3

Ⅰ．①人… Ⅱ．①郝… Ⅲ．①人力资本－影响－产业结构－研究－中国 Ⅳ．①F249.21 ②F12

中国版本图书馆 CIP 数据核字（2021）第 244799 号

RENLI ZIBEN TISHENG YU CHANYE JIEGOUHUA

人力资本提升与产业结构化

著　　者　郝慧娟
责任编辑　田　璐
装帧设计　新源教育
出　　版　吉林出版集团股份有限公司
发　　行　吉林出版集团青少年书刊发行有限公司
地　　址　长春市福祉大路 5788 号
电　　话　0431-81629800
印　　刷　大广回族自治县祁各庄乡冯兰庄兴源印刷厂
版　　次　2021 年 12 月第 1 版
印　　次　2021 年 12 月第 1 次印刷
字　　数　207 千字
开　　本　787mm×1092mm　1/16
印　　张　9.5
书　　号　ISBN 978-7-5731-0862-3
定　　价　58.00 元

前 言

产业结构高级化对经济增长的影响有区域差异，其系数有正有负；而产业结构合理化与经济增长之间的正向关系在东、中、西部地区均十分显著。从全国范围来看，产业结构的合理化以及高级化对区域经济增长的影响均比较显著，其中，产业结构合理化的影响程度更大。分区域来看，相比产业结构合理化，产业结构高级化对我国东中部地区经济增长的影响更大；在西部地区，产业结构合理化比产业结构高级化对区域经济增长的影响更大，作用效果也更为显著。

区域经济增长差异一直是我国经济发展过程中的突出现实问题，现阶段要想逐步缩小东、中、西部地区之间的差距，必须意识到各区域影响经济增长的因素略有不同，坚决反对“一刀切”的做法。鉴于生产要素地域分布或发展的不均衡，各地区在制定区域经济发展战略时，就应该做到因地制宜、因时制宜，制定出适合本区域的、切实可行的发展战略。

东部地区应注重推进产业结构高级化进程，大力发展第三产业即服务业，积极引导非农就业，实现农村剩余劳动力的转移；与此同时，要更加注意人才的培养和物质资本的积累，要合理引导人口在区域内与区域间自由流动，避免因人口过度集聚而制约了产业结构升级与地区经济增长之路。

西部地区应注重加强人力资本积累，充分发挥人力资本的经济增长效应。相对于中部地区而言，西部地区人力资本积累对区域经济影响的程度明显更高，因此，西部地区应高度重视人力资本的集聚效应和扩散效应，加强文化建设、教育发展、职业技能培训、人才引进等各方面的工作，逐步提升地区人力资本水平，实现地区经济由粗放型经济增长方式向集约型经济增长方式转变。不可否认，各区域经济发展内外在条件是不同的，东部地区就业机会更多，收入增长空间更大，吸引了大批中西部地区的高素质人才；西部地区主要由受初中等教育的人才在拉动，提高高素质就业人员比重对西部地区经济增长的影响可能会更大。对此，西部地区应特别注重人力资本结构的优化。

就中部地区而言，由于有很强的工业基础优势，现阶段还应以工业为主导，但产业结构升级是拉动该区域经济持续增长的重要因素，因此，在发展该区域传统工业的同时，还应着力发展高新技术产业，大力发展第三产业，推动产业结构由工业主导型向服务业主导型转变，推进经济服务化的建设。此外，在推进产业结构高级化的同时，要更加注重各产业间的关联关系与协调发展程度，要注重要素结构与产出结构的合理配置，以形成协调、健康和可持续的产业结构与产业布局。

目　录

第一章　人力资本的理论研究

第一节　人力资本的概念

目前国内外对于人力资本这一概念尚没有统一定义，本节通过研究国内外人力资本的相关概念，认为目前的人力资本的概念可以分为四类：要素论、价值论、费用论、资本论，并通过分析给出了管理学角度的人力资本的定义，以期为人力资本相关研究提供一定的理论基础。

美国经济学家费雪在 1906 年出版的《资本和收入的性质》一书中首次提出了人力资本一词。其后，西奥多 · W · 舒尔茨在 1960 年的“人力资本投资”演讲中，明确提出了人力资本的概念。他认为人力资本是由个体的知识、技能、健康、迁移等因素构成，是由人们通过对自身的投资所获得的有用的能力所组成的，并将资本分为人力资本和常规资本，即物质资本。其后，贝克尔等人对人力资本的概念进行了进一步的阐述。贝克尔认为，人力资本不仅意味着才干、知识和技能，而且意味着时间、健康和寿命。随后，国内外诸多学者大都沿袭舒尔茨和贝克尔等人的思想，围绕知识、技能、健康等方面展开描述。

一、要素论

该理论认为人力资本是人们通过投资获得的，存在于人身上的知识、技能、健康、经验等因素之和，是个人能够带给工作的一些特性：智力、完成工作的能力、积极的工作态度、忠诚和承诺等。张凤林认为，人力资本指的是通过人力资本投资所开发形成的人的各种能力总和，包括体能或身体素质、智能或科技文化素质和“德行”或道德素质三方面。蒋天颖认为，人力资本是指企业员工所拥有的各种技能与知识、员工素质和工作态度。姚树荣和张耀奇将人力资本定义为特定主体为增加其效用和价值增值所形成的异质性知识、技术、信息和社会关系等。

二、价值论

该理论强调人力资本作为一种资本，属于价值范畴，是一组投资产生的经济价值。李忠民认为，人力资本指凝结在人体内，能够物化于商品或服务，增加商品或服务的效用，并以此分享收益的价值。权锡鉴认为，人力资本是指特定行为主体为增加未来效用或实现价值增值，通过有意投资活动而获得的，存在于人体中的知识、技术、创新概念和管理方法等综合的价值。朱必祥通过对马克思关于资本本质特征的论述以及人力资本本质的理解，将人力资本定义为通过对人投资而形成的存在于人体中并能带来未来收益的知识、技能及健康因素体现的价值，以此体现人力资本作为一种资本而具有的实物形态和价值形态。

三、费用论

该理论在研究人力资本与经济发展及产业结构转型升级等的关系时，学者们常从人力资本投资引发的各种费用的角度来定义人力资本。例如，何承金将人力资本的全部要素概括为教育投资、科学研究费用、卫生保健费用、劳动力国内流动支出、国际移民费用等。

四、资本论

该理论认为人力资本是一种特殊形式的资本。莫志宏认为，人力资本是继工业经济之后与新的社会经济形态相对应的新的资本形式，定义了“作为经济学范畴的人力资本”。俞荣建把人力资本定义为对具有能动性人格特征与自然遗传禀赋的人，通过教育、培训、卫生保健、迁移以及“干中学”等投资所形成的具有一定价值并表现为知识、技能、健康和经验等具体形态的依附于人体的特殊资本。

显然，人力资本与非人力资本既然都带了“资本”二字，那么它们就都属于总的资本的范畴，必然应当具备资本的一般属性。“资本”这个词在不同的场合，因为不同的需要，被解释成不同的东西，从而引导出不同的关于资本的理论。西方经济学早期关于生产要素的研究，将资本看成与劳动和土地并列的一种生产要素，但是实际上很难将它们截然分开。根据现今主流宏观经济学观点，资本可以划分为物质资本、人力资本、自然资源、技术知识等。马克思认为，资本就是能够带来剩余价值的价值，资本的根本特征或者“资本的一般性”是能够带来价值增值。资本的本质不是物，而是一种社会关系，它体现在物上，并赋予这个物以特有的社会性质。马克思揭示出“资本”的二重性，即自然属性和社会属性，既具有实物形态也具有价值形态。

人力资本的定义应当体现其自然属性和社会属性。人力资本的自然属性体现为知识、技术、能力和良好的身心素质等，人力资本的社会属性则可以体现为经济活动中人与人之间的关系等。同时，人力资本的定义应当体现其作为一种资本能够带来价值增值的特点，正如西奥多·W. 舒尔茨所言，人力资本之所以是一种资本，是因为它是未来收入或满足，或未来收入与满足的源泉。同时，在定义人力资本时，也应注意到人力资本自身的特殊性：首先，人力资本与其所有者是不可分离的；其次，人力资本是一种无形的派生资本，它是对人进行投资或者消费所形成的一种无形资本，能够观察到的仅仅是人本身和成本收益等效果。

通过以上论述，我们对人力资本的定义是：人力资本是一种通过投资或者消耗资源而获得的存在于人身上的可以带来未来收益的知识、经验和能力等因素体现的价值。

第二节　人力资本的性质

资本理论是经济学的核心理论。在经济学说史上有关资本理论的争论从未停止过。如果我们将视野限制在财务会计领域，我们可以看到诸如自有资本、借入资本，“资本”所表达的是资金的来源，在会计上作为权益确认；实收资本、资本公积，“资本”所表达的是所有者投入企业的资本，或由所有者原始投入资本引起的资本增值，在会计上确认为权益；短期资本、长期资本，这是按照期限对权益的分类；流动资本、固定资本，这是对企业资产的分类，在会计上确认为资产；收益性支出、资本性支出，这是对企业开支的分类，收益性支出确认为费用，资本性支出则应“资本化”，即确认为资产；营运资本、资本结构，营运资本是流动资产与流动负债的差额，资本结构所指的是长期负债与所有者权益的比例构成关系。由此可见，仅在财务会计领域“资本”的含义就相当宽泛。因此，要研究人力资本的性质，有必要对资本的本质进行探讨。

一、资本的本质

西方经济学研究资本的着眼点是其物质属性——资本作为生产要素的一个组成部分；马克思的《资本论》研究资本的着眼点是资本的社会属性——资本对剩余价值独占的产权特性。因此，下面对资本理论的回顾就必然与生产要素理论相互贯穿。

（一）斯密的资本理论

按照斯密的观点，从资财的角度来看，资本是用于获取收入的资财；从生产的角度来看，资本是投入的要素之一。

因为商品的生产和上市曾经使用劳动、资本和土地，所以大部分商品的价格都分解为三部分，其一为劳动工资，其二为资本利润，其三为土地地租。事实上有些商品的价格仅由两部分构成，即劳动工资和资本利润，甚至还有极少数商品的价格单由一部分构成，即劳动工资。利润是影响商品价格的因变量，而土地地租不是影响商品价格的因变量，相反，商品价格是影响土地地租的因变量。具体来说，土地地租是商品价格扣除劳动工资、资本利润后的余额。但无论如何，商品价格终归成为上述三个部分中的一个或全部。不归于地租也不归于工资的部分，皆归于利润。

（二）马歇尔的资本理论

马歇尔的资本理论较斯密的资本理论的改进之处在以下几点：第一，将斯密的“资财”改进为“财富”，明确界定了财富的外在性、可交换性和货币衡量的特性。第二，附带论及了资本所有权属性。第三，将生产三要素扩展为四要素，即土地、劳动、资本和组织。第四，扩展了资本的物质内容，认识到“知识”和“组织”在生产中的作用，提出了劳动工资、资本利息、土地地租及资本与经营能力的利润的收入分配框架。

按照马歇尔的观点，企业家使用资本的经营能力由两部分构成，其一是一定的资本存量，其二是企业家的经营能力，而企业组织则将二者结合起来。资本获取的报酬为利息，企业家经营能力的报酬为纯经营收入，而企业家经营能力与企业组织的报酬总额归结为管理上的总报酬，或称为资本与经营能力的利润。马歇尔所指的企业家的经营能力与当代研究论文中“人力资本”的含义基本相当，可见马歇尔并不排斥人力的资本属性。他在论及劳动工资与资本利息共同之处时，给出的理由是决定物质资本和人身资本的供给价格的因素具有一致性。马歇尔将资本区别为物质资本和人身资本，因此人本身也就具有了资本的属性。

马歇尔还将生产要素浓缩为两个要素：“在某种意义上，生产要素只有两个，就是自然与人类。资本与组织是人类在自然的帮助下，在人类预测将来的能力和甘愿为将来做准备的心理之指导下，进行工作的结果。”任何财富必然是由自然力和人力单独作用或联合作用的结果，自然与人类应是生产要素源头，但是，这种精练增加了清晰地表述收入分配的难度。

（三）马克思的资本理论

在马克思的资本理论中，劳动力是商品，劳动力转化为商品是货币转化为资本的前提条件。马克思提出的劳动力成为商品为如下两个条件：

第一，具有劳动力的人必须是自由的，能够支配存在于自身的劳动力，这样才能将自己的劳动能力当作商品出现在市场上，将其出售。

第二，劳动力所有者一无所有，没有别的商品可以出卖，没有任何实现自己的劳动力所必需的东西，没有可能出卖自己物化劳动在内的商品，而不得不把只存在于他的活的身体中的劳动力本身当作商品出卖。

（四）各种资本理论的对比分析

在马克思的资本理论中，资本不是物，而是一定的、社会的、属于一定历史社会形态的生产关系。这种生产关系就是：资本家拥有生产资料的所有权，工人拥有劳动力的所有权，剩余价值由工人的剩余劳动所创造，但工人只能得到劳动力的价值，剩余价值却由资本家占有。马克思的资本理论并不打算解释收入的分配，其理论重心是要解释剩余价值的产生与分配，在于说明剩余价值的生产与剩余价值的占有之间的矛盾。

从马歇尔的资本分类（消费资本和辅助资本）来看，马克思与马歇尔所说的资本在价值状态上是相同的。但是，马歇尔的资本理论并没有研究剩余价值的源泉和剩余价值的分配，而仅仅研究收入分配问题。

马歇尔和马克思的资本理论本质的区别在于资本家购买的是劳动还是劳动力。

按照马歇尔的观点，劳动是生产要素，工人出卖的是劳动，而不是劳动力，劳动的买卖具有如下特点：

一是作为生产要素的人和机器及其他物质生产资料的买卖不同。工人出卖的只是他的劳动，但他本身仍归他自己所有。

二是当一个人出卖他的服务时，他必须亲自到服务场所，他和他的工作是分不开的。

三是劳动力具有损耗性，损耗性是各种劳动所共有的属性。工人在失业时所损失的时间无法挽回。

四是出卖劳动力的人一般都是穷人，手头没有积存；离开劳动市场，工人就无法保存劳动。出卖劳动力的人能否议价取决于他的境遇和本领，而不取决于他所必须出卖的特殊商品是劳动，因此其在议价方面处于不利的地位。

五是提供专业能力所需的训练时间较长。劳动力是不是商品？对这个问题的回答是理解人力资本的关键。也许，在马克思所处的历史年代——资本主义社会早期，劳动的主要形式是体力劳动，最为底层的体力劳动者出卖的是劳动力。在当代资本主义社会或在社会主义市场经济中，劳动的形式多样化，因此，产生了不同层次的劳动力，从早期的体力劳动者到现在的管理人员，层次越高的劳动力越是偏离上述第二个条件。由此我们可以认为，最低层次的劳动力也许还是商品，但最高层次的劳动力也许已经不是商品了。

（五）资本的性质

第一，资本具有生产性和权益性。一方面，资本参与生产过程，其在生产过程中可以产生价值；另一方面，投入资本的资本所有者可以在生产过程中获取收益，因而资本的生产性与权益性便存在了互为因果的关系。

有些生产要素（比如清洁的空气、和煦的阳光）是不可或缺的生产投入，但其不具有权益性，因此，也就不成为资本。生产性和权益性是生产要素成为资本的必要条件，进而我们可以认为具有产权的生产要素都是资本。研究资本的根本目的在于确立生产要素的产权性质，即生产要素的所有者在企业拥有的权益。

生产要素在物质形态上可以区分为劳动力、资本（生产出来的投入）、土地（不是生产出来的投入），但在产权性质上可以区分为人力资本和非人力资本。

二、人力资本的性质

在当今知识经济社会中，劳动的复杂程度越来越高，劳动的创新成分越来越高，因而对劳动的监督越来越难，对劳动结果的预计越来越难，按劳动成果支付报酬成为市场经济的典型特征。这从反面说明，资本家与较高层次的劳动力之间的交易，购买的是劳动本身，而不是劳动力。活劳动不能脱离劳动力而独立存在，因而，劳动不是生产要素，作为投入生产的经济资源只能是劳动力本身，因此，准确表述的生产的三要素应当是：劳动力、土地和资本。劳动不是生产要素而劳动力是生产要素，这可以与投入生产的机器设备相类比，机器设备是生产要素（资本），但没有人认为机器设备提供的服务是生产要素。作为生产要素，机器设备没有任何变化；但作为资本，机器设备可以具有不同的产权性质——企业拥有、长期租赁、短期租赁等。劳动力不是商品，资本家购买的是劳动而不是劳动力，这并不妨碍劳动力（人本身）成为生产要素。

人力资本是体现在人身上的资本，其实质是人的一种能力，是人通过与生产资料相结合，改造自然、征服自然，创造财富的能力，这种能力是人类所独有的，我们称之为劳动能力。马克思将人类拥有的这种劳动能力称为劳动力。所以人力资本的内核是劳动力，其本质就是劳动力的资本化。劳动力与人体天然不可分割，随人活性个体的存在而存在，随人活性个体的消失而消失。劳动力既伴随活性个人的自然发育和成长而产生、发展，也伴随人类社会整体的发展而进步，劳动力的大小，既取决于个人的生理素质状况，也取决于社会整体发展水平，尤其是社会经济、科技、教育发展水平。所以，人力资本虽受外界的影响，但必须内生于人体。人力资本可以表述为，以营利为目的，投入生产经营的劳动力的价值即劳动力的资本化。但是劳动力转化为资本需要两个条件：首先，劳动力必须投入生产经营，不从事生产的劳动力不是人力资本；其次，投入生产经营的目的是营利，只在自己家里从事家务劳动的劳动力也不是资本。本节给出人力资本以下描述性定义：

第一，人力资本由劳动力转化而来；

第二，人力资本的劳动能力并没有作为商品出卖给资本家；

第三，人力资本作为生产要素参与企业的生产；

第四，人力资本参与合作剩余的分配。

人力资本的核心属性是生产性和权益性。生产性体现在人力资本作为生产要素的边际贡献较高；权益性体现在人力资本分享合作剩余，拥有企业的剩余索取权。

第三节　人力资本对经济发展的影响

人力资本目前已经成为影响一国经济增长与发展的一个关键的因素。特别是第二次世界大战之后，经济学家更关注的是人力资本，而不仅是其在经济增长中的作用。人力资本对经济发展的影响主要表现在经济增长速度、比较优势的发挥及可持续发展的实现等方面。

人力资本作为经济学的一个分支已经形成并发展起来，它能与现阶段我国国情结合起来。人力资本理论对现代经济增长做出了新的解释，这意味着我国不仅缺乏物质资本还缺乏人力资本。如果没有人力资本的增长，经济也是很难发展的。

一、人力资本是经济增长的重要引擎

人力资本是技术和知识的人格化，一个区域人力资本存量越大、质量越高，越有利于推动技术进步，提高要素的边际生产率水平。长期以来，我国经济增长方式较粗放，人力资本对经济增长的贡献与发达国家相比较低，因此，区域经济要想取得较快、较好的增长，必须加大人力资本投资，增加人力资本积累。

二、人力资本能提高经济实力

根据迈克尔·波特的区域竞争优势理论，一国或地区经济发展主要取决于生产要素、需求条件、相关产业及支持性产业的表现。在波特的理论中，生产要素包括人力资源、天然资源、知识资源、资本资源和基础设施等。其中，人力资源有利于提高竞争优势。

三、人力资本有利于技术创新，从而影响经济的快速发展

技术进步是影响经济发展的因素。技术的变革，如发明创造、技术扩散和技术应用等是由人来完成的，研究、开发、发明创造是人力资本的一种重要特征，人力资本是技术创新和技术进步的源泉。另外，科学技术要转变为现实的生产力，也必须具备一定的人力资本条件。这些都可以提升人力资本结构，推动技术进步，促进经济发展。

第四节　人力资本股权制度立法

人力资本，相较于传统的物质资本，日益凸显其强大的经济推动力量，成为新经济时代一种全新而不可或缺的资本形式。随着人力资本理论的创立，人力被誉为知识信息时代促进经济发展的决定性生产要素，人力资本势必取代物质资本的主导地位，成为促进经济发展最直接有效的动力。

人力资本股权化是知识经济时代的必然趋势。通过对人力资本股权化合理性的考察，并对人力资本股权制度立法的可行性及当前立法障碍的分析，我们明确提出立法过程应解决的三大问题：人力资本的评估、以人力资本出资的股东的责任、关于人力资本股份的转让。

一、人力资本股权化的合理性

现代经济与传统经济不同，现代经济以知识为主，更加看重科技知识、管理技能等人力资本要素；传统经济的经济运行方式是依托物质资本要素，如货币、土地、厂房、机器、设备。美国最近的《商务周刊》展开了人力资本投资、物质资本投资对社会产出贡献的调查，调查结果表明，在中国，物质资本投资回报率为 10% — 20%，人力资本投资回报率为 30% — 40%，二者相比，人力资本投资回报率明显更有优势，比物质资本投资回报率高出 20%。要想在知识经济时代中取得领先权和主动权，就要合理控制和充分利用人力资本。合理控制和充分利用人力资本的基础是通过立法的模式建立人力资本股权制度，使得人力资本能够作为公司出资的方式。这种做法符合国际惯例，也是企业在知识经济时代下发展和创新的必然要求。

到目前为止，国外的人力资本理论主要还是停留在经济学分析上而缺少法学分析的阶段。虽然人力资本产权是一种现实存在的权利，但在法学界对于该项权利是否应纳入法律体系成为一项法律权利，仍然存在巨大的争议。虽然对人力资本产权的内涵及定义仍然有争议，但是在实践中，西方国家已开始在立法和制度中引入人力资本观念。例如，美国《商事公司示范法》就规定，已履行的劳务、劳务合同可以作为取得股份的对价。除此之外，很多国家在《公司法》中对员工持股、股票期权等制度做出了明确的规定，在一定程度上允许股东以人力资本出资的方式持有公司的股权。考虑到对知识的控制和利用，人力资本出资必将成为未来的一个发展方向，必须对该种出资方式进行法律规制。

允许股东以人力资本出资，即将人力资本股权化，将极大地改善高新技术企业资本匮乏的境况，有利于高新技术产业的发展；同时，它作为一种激励机制，将调动人力资本拥有者的积极性，提高人的能动作用，为企业特别是高新技术产业赢得更大的收益。发展以高新技术为导向的新型企业是近年来的一大趋势，也是改良我国落后的企业投资结构和调整产业结构的需要。高新技术产业的特点是科技含量高、知识容量大、技术要求强，所以，单纯的物质资本已不能满足此类企业的需求。这说明，并不是投入资金越大、资源越多，就能发展高新技术产业。我们必须认识到发展高新技术产业的决定性因素还是在人身上，因为人的技能、知识、创新等因素都是推进这一产业前进的必需动力。

从上文所述的人力资本投资与物质资本投资回报率的比较中可见，人力资本已经以不同形式参与到经济生活中，也逐渐显示出超越物质资本成为新经济时代的主流趋势。若能允许股东以人力资本出资，使人力资本成为新的出资方式，必将为高新技术产业注入一股庞大的力量，从根本上解决其资本的匮乏问题。

二、人力资本股权制度立法的可行性

我国虽地大物博，但是拥有的资源并不均衡，很多物质资源实际上是相当匮乏的，但是，我国是一个人力资源大国，如果能够通过合理的制度设计，将我国丰富的人力资源转化为具有现实价值的人力资本，就能弥补物质资源的不足，从而产生新的生产力，这应该成为当前我国立法的重要目标。但是，2018 年修改的《中华人民共和国公司法》（以下简称《公司法》）仍然没有明确人力资本作为一种出资方式是否合法。

《公司法》的传统理论一般认为公司是资合企业，以资本联合为纽带，具有强烈的资本合作性质，与允许以劳务作为出资方式的合伙企业不同。对公司的出资方式强调以现在出资为特征，强调现实实在的出资，而劳务却是一种未来的出资方式，在公司成立时不存在现实的价值性，而且其内部的价值也难以确定。特别是在有限责任公司里面，如果允许劳务出资，势必会削弱公司资本的担保功能，导致股东因此逃避出资义务、规避法律责任，这也是严重违背公司资本制度设计安全性的保障初衷的。

人力资本往往依附其人力自身，从根本上来说，人力才是资本，才可以作为资产出资，人的本身并不是资产，也不能作为资产出资。人力与人身不同，具有人身性必然就等于具有不可转让性，但是人力具有财产性，所以人力可以转让。人力资本的人身依附性及其财产属性，决定了人力只能属于承载人所有。从这点看，人力所有权因为具有人身依附性，所以不能转让，但是人力的使用权和所有权不同，使用权的内在性质是财产属性，是可以转让并供其他主体支配的。对人力的支配，并不意味着同时支配其人身，否则对他人劳务的使用也将是非法的，是与现代人权理念相悖的。知识产权与人力一样，具有人身性和财产性，知识产权中的人身权不能转让，但是财产性权利是可以转让的；而人力资本产权中的人身权不能转让，但其财产权是可以转让的。正是因为人力资本具有可以转让的可能性，因此，以人力资本作为出资方式，从本质上看是不违反《公司法》关于出资的财产必须可以依法转让的要求的。

人力资本出资在我国《公司法》上并未明确禁止，这就意味着进行人力资本出资立法与《公司法》并不冲突，这便为相关地方立法创造了空间。我国很多地方都做了一定的立法探索。2005 年 3 月，上海浦东新区首先立法允许人力资本作为出资方式，成为中国最早允许人力资本出资的地方。具体来看，上海采取出资购股、奖励股权和技术折股三种方式，分情况解决企业内部员工持股方式。在实践中，职工主要是以直接出资的方式持有公司股份。人力资本出资仅仅限定于技术折股方式，与此同时，对以人力资本方式技术持股的持股人有严格的身份要求，一般都会要求持股人是内部员工或职工。这种严格身份的要求使得有资格以人力资本入股的股东被限制在一个很小的范围内，其实际产生的影响非常有限。但它毕竟是我国第一个允许人力资本出资的地方法规，为我国的人力资本立法打开了一个缺口。总而言之，虽然我国《公司法》尚未给予人力资本出资以合法地位，但人力资本出资现象散见于地方性立法规范中，且立法技术日渐成熟，也为人力资本出资地方立法创造了条件。

三、人力资本股权制度立法障碍

人力资本在现代经济领域中处于不可或缺的地位，同时，经济学界对人力资本的深入研究也取得了众多丰硕的成果。人力资本虽已受到了极大的重视，然而在现实经济生活中未得以普遍应用。现阶段仍有不少企业存在重物力资本而轻人力资本的现象，这导致以人力资本出资的股东（一般是指企业管理者和高新技术持有者）的积极性不高，无形中造成了人力资本的流失。以人力资本出资的股东会发现收益与实际贡献的不平衡，随之积极性和创造性受挫，不利于企业的发展。

人力资本之所以不能像物质资本那样被企业或立法者作为一种出资方式得以认同，其原因在于人力资本的自身特点——人身依附性、专用性、无形性、综合性和动态性。这些特点为人力资本在评估作价、产权转让、非以人力资本出资的股东权益维护上平添困难，无疑为人力资本出资立法设置了很大的障碍。但是首要的问题在于观念。以下是本课题组对各地区企业的调研结果：

第一，中小型企业对切身相关的法律不够重视。统计数据显示，只有 50% 的企业表示听闻过《公司法》在公司出资方式上有所修改，但无一家企业对此做过深入了解。

第二，企业对人力资本概念模糊。虽然企业都表示知道人力资本，但在调研中时不时地与人力资源、知识产权等混为一谈。

第三，企业对人力资本出资持保守态度。25% 的受调查企业表示不考虑采取人力资本出资方式，62.5% 的企业表示允许股东以人力资本出资的可行性不大；即使有考虑过将来在企业中吸纳人力资本的，50% 的企业表示人力资本的出资比例以 10% 以下为宜。

第四，企业还是对人力资本出资立法的前景持乐观态度。有 62.5% 的企业认为人力资本出资立法非常有必要，只是考虑到现行政策、法规及自身规模等因素，表示近期不会允许股东以人力资本作价入股。

可见，人力资本出资立法的必要性和合理性获得了一定程度的肯定，且大多企业看好其发展前景。这为人力资本出资立法研究提供了极大的动力和社会支持，相信人力资本终有一天会打破物质资本一统天下的局面，成为名副其实的决定性生产要素之一。

四、人力资本股权制度立法要点

人力资本具有无形性和人身依附性的特点。由于其内在的财产性权利与其依附的人身难以分离，因此，无法对其完全作价拍卖变卖用于清偿债务，更不能作为抵押的目标。但是，这并不代表人力资本不具有营利性。如上文所述，人力资本使用权可以转让给第三方支配，第三方完全可以通过劳动表现出来，这无疑体现了人力资本的营利性。目前，人力资本作为公司出资方式的最大障碍有两点：一是难以作价评估，二是无法进行担保。但如果人力资本出资立法能解决以下四个问题，就可以从制度上克服这些障碍。

（一）正确、合理评估人力资本

物质决定意识。人力资本的价值其实来源于其依附者本身的专业知识、技术水平和实践能力，这是其所有者通过后天长期实践获得的，也可以说是通过一种长期投资形成的，那么这种投资成本就可以通过货币进行量化。因此，从理论上讲，人力资本应该可以量化。透过对依附者过去长期各种教育投资的量化，便可以实现对人力资本价值的评估。当然，法律不可能专门只为人力资本确定一个评估标准，具有可行性的做法只能通过立法去明确评估的流程，具体包括：人力资本的评估主体的选定、评估程序、评估过程的第三方监督。在保证公平公正的前提下，对人力资本进行正确、合理的评估。

（二）明确以人力资本出资的股东的责任

股东以人力资本进行出资，有其特殊性，在立法中有必要对特殊情形下的股东责任做出限制性约定。一是当人力资本出资不完全或由自身原因导致人力资本价值下降的，应当要求这类股东承担出资填补责任或强制降低其持股比例的责任；二是当法人清算时，人力资本无法通过拍卖变卖等方式变现，应当要求这类股东承担该人力资本剩余价值的债务清偿责任。

（三）人力资本股份转让的限制

公司具有资合性，从股东平等和营业自由的角度讲，人力资本股份的转让权是股东的内在权利，其对内和对外转让符合《公司法》对于股份转让的一般规定即可。但是，人力资本出资设立的公司具有强烈的人合性质，而非简单的资合性。此时公司的特殊性在于：以人力资本出资的股东的个人能力决定着公司的信用。以人力资本出资的股东在公司成立后若因各种原因迅速退出公司，将对公司造成巨大影响，公司的内在价值会迅速降低，这必然给公司外部人尤其是债权人带来损害。因此，在立法中有必要加强以人力资本出资的股东退股的条件。限制人力资本股份的对内和对外转让情形，绝不可以参照《公司法》的一般规定——仅须获得一定比例的其他股东的同意。由于对债权人的影响是深远的，故在人力资本股份转让时还应增加一个条件，即获得一定比例的债权人的同意。甚至可以通过立法明确要求这类股东在持有公司的股份后一定时期内不得转让，至于一定时期为多少年合适，应根据这类股东持股比例的大小确定，即持股比例与年限成正比。

现代经济的飞速发展，对法律制度的创新提出了更高的要求，只有不断改革、完善的法律制度才能适应瞬息万变的经济变化，继而推动经济的发展。而《公司法》与现实经济生活密切相关，《公司法》如何改革与创新以适应经济发展的要求，已成为当前法学研究领域的一个重要课题。如能将人力资本股权制度通过《公司法》以法律形式确认，这将对我国企业发展起到不可估量的作用，进而也会极大促进经济发展。

第五节　人力资本错配：困境、影响及应对

我国人力资本积累已经达到了一定的水平，但人力资本错配程度较高，不利于推动经济社会的发展。本节通过分析劳动力在受教育程度、性别、行业部门以及区域等维度存在的人力资本错配困境，指出人力资本错配对经济增长和社会发展会带来诸多不利影响，并从正式制度和非正式制度两方面探究造成这一问题的深层次原因。通过观念转变、制度革新、产业结构调整等手段，扭转人力资本在教育、地区、行业和性别层面的错配现状，实现人力资本的有效配置，释放人口质量红利。

在中国经济增速放缓、老龄化趋势加速、生育水平持续低迷等多重困境下，“人口红利机会视窗越关越小”“劳动力供给短缺”等论断近年来不断增多，中国人口红利正在逐渐消失也几乎成了一种共识。有学者指出，人口变动作为一个包含了人口数量、质量和结构等在内的多维度变动过程，传统定义上的人口红利消失仅从人口数量视角来考察并不全面，人口红利这一概念需要被重新定义。此外，还有学者通过实证分析比较了人口数量红利与人口质量红利对我国经济增长的平均贡献率发现，自 2010 年开始，我国人口质量红利开始代替人口数量红利成为经济增长的新动力源，即人口质量红利对人口数量红利具有替代效应。相较于以人力资源规模为基础的人口数量红利，人口质量红利的形成是以不断积累人力资本，提高人力资本水平以及优化人力资本结构为依托的。学界关于人力资本对经济增长影响的研究更多的是关注人力资本存量，少有研究关注到人力资本结构。当前，制约我国人口质量红利释放的并非人力资本存量，而是人力资本错配所带来的资源配置效率低下。

人力资本错配是指在资源稀缺的条件下，通过教育、培训、迁移等要素投资在人身上之后所形成的人力资本因未能在产业、行业、区域、性别等层面进行合理配置，导致投资收益率与人力资本利用率低下，未能实现产出最大化的一种非最佳配置状态。人口质量红

利涵盖了劳动力素质和技能结构，在劳动力素质不断提升、技能结构优化的状态下，人力资本错配问题成为释放人口质量红利、实现产业结构转型的重要瓶颈。研究人力资本错配问题，对于我国加快人力资源开发具有积极的理论和现实意义。

学界对我国人力资本错配问题重点从劳动力错配程度、劳动力错配对经济社会发展的影响、劳动力错配的成因及其改善机制等方面进行了深入研究。

1. 在劳动力错配程度研究方面

袁志刚认为，我国劳动力错配程度在 2% — 18% 之间，且错配程度呈现出持续加深的走势。就区域维度而言，我国劳动力错配程度存在一定的区域异质性，并且呈现出“西高东低”的态势，西部地区相对缓慢的经济发展速度低于东部地区，滞后的产业升级速度是造成劳动力资源错配程度高于东部地区的根源。朱琳分别对 2009 年与 2011 年包含人力资本情况下的劳动力资源错配程度进行了测量，结果显示，2009 年与 2011 年我国总体人力资本错配程度均略有下降，分别为 0.402 和 0.396。分区域来看，东部地区错配程度分别为 0.249 与 0.198，错配程度显著降低；中部地区则从 2009 年的 0.378 升至 2011 年的 0.471；西部地区的人力资本错配程度也从 0.589 增长到 0.638。就行业角度而言，我国事业型单位或行业、垄断性行业、非生产性行业人力资本强度远高于市场化程度高的行业和部门，这便导致产业动态比较优势演进迟滞、经济稳定增长动力不足。姚毓春通过测算不同行业间劳动力错配程度与经济产出之间的关联度发现，劳动力错配程度的改善对经济产出有一定的提升作用。王熙麟对我国 1993 年—2012 年 20 年间国有单位和非国有单位之间及各省之间的劳动力资源错配程度进行了测算，并分析了其变化轨迹。

2. 在劳动力错配对经济社会发展的影响研究方面

潘越认为，劳动力在区域间不均衡的流动会加深区域间发展的不平衡度，劳动力的错配还会造成生产率的损失。李伟参考要素扭曲的方法对人力资本错配的程度以及生产性服务业的全要素生产率进行了测算，研究发现，人力资本错配会对生产性服务业的生产率产生显著的负向影响。还有更多学者则看到了人力资本错配对企业研发投入与自主创新水平的抑制效应。

3. 在劳动力错配的成因及其改善机制研究方面

有学者指出，部门收入和技术之间的差距是劳动力错配现象产生的根源，而产业聚集与市场制度的完善能够在不同程度上校正资源错配问题。李勇通过实证研究发现，行政垄断会扭曲人力资本的所有配置，进而加深人力资本错配程度，抑制我国的自主创新。王丽霞则认为，人力资本错配现象的产生源于政府和市场在导向上的不一致性。

综上所述，学者们对人力资本错配研究已较为深入，但在人力资本受人口的教育程度、行业部门、性别以及区域等层面的错配现象的研究还相对较少，下面将对人力资本错配的现实困境、不利影响及成因进行分析，并提出破解之策。

一、人力资本错配的现实困境

（一）不同受教育程度群体之间的人力资本错配

以受教育程度作为人力资本衡量标准，通常可以划分出两个劳动力市场，其中一个劳动力市场包含具有高中及以下文化程度的求职者，另一个则涵盖具有大专及以上文化程度的求职者。笔者分别选取两个劳动力市场最有代表性的热点话——民工荒与大学生就业难问题加以分析。大学生就业难与民工荒的并存，归根结底是劳动力结构性问题。人力资本初始化程度高的大学生群体由于“过度教育”，导致其人力资本结构与经济发展需求脱节，就业专业对口程度低，劳动力结构性过剩；人力资本初始程度低的农民工群体则因教育培训的缺失产生了劳动力的结构性短缺。教育资源的不均衡分配以及大学生与农民工之间过度差异化的教育投资，在很大程度上降低了人力资本投资的收益率以及人力资本的利用率，造成了人力资本的错配，这对人口质量红利的释放以及经济增长均会产生负面影响。

（二）不同产业、行业及部门间的人力资本错配

人力资本在产业、行业及部门间的错配是我国经济转型和产业发展演进过程中的阻碍。就产业维度而言，我国第一产业从业人员的平均受教育年限显著低于非农产业。据相关数据显示，我国三大产业的人力资本强度有着显著性差异。其中，第一产业人力资本强度最低，仅为0.004，远低于英、美、法三国的0.176、2.070和2.777；第二产业人力资本强度为0.040，相较于美国制造业的0.661、英国制造业的1.222以及法国制造业的1.465，我国制造业的人力资本强度仍显著偏低；而在第三产业中，以信息传输服务业、金融业、房地产业等垄断性行业为代表的人力资本强度分别高达1.651、1.700和0.944，甚至超越了英、美、法等发达国家。基于此，我们可以得出两点结论：第一，我国人力资本强度在三大产业之间分布不平衡，呈现出第一产业最低、第二产业次之、第三产业最高的态势；第二，与英、美等发达国家相比，我国第一、第二产业的人力资本强度显著偏低，而第三产业中的垄断性行业人力资本强度却显著偏高，产业间的人力资本错配现象严重。从行业及部门维度来看，我国具有本科及以上学历的劳动者多数聚集在事业性、垄断性及非生产性行业和部门，如政府部门、金融、交通、电信业等，这些部门和行业由于薪酬刺激等因素的存在，人力资本强度极高而专业对口程度较弱，呈现出教育过度的局面。生产性、市场化程度高的行业和部门的人力资本强度则显著偏低，表现为农业、制造业及传统服务业等行业因人力资本不足而效率低下，医疗、生物技术等技能型行业与科技研发部门也因缺乏高素质人才而创新动能不足，使得人力资本在行业与部门间出现了畸形配置的状况。

（三）不同性别群体间的人力资本错配

性别层面的人力资本错配主要体现在性别就业歧视上，具体表现为：一是两性在求职机会上的不平等。以女性毕业生面临的就业歧视为例，我国女性毕业生签约率通常低于男性，性别就业歧视的存在使得很多女性毕业生无法获得原本以其人力资本水平能够胜任的工作，人力资本浪费现象严重。二是两性在收入和职业发展上的不平等。我国职业性别隔离长期存在，具体表现为：在政府官员、医生、大学教授等职业之中，男性从业人员远多于女性，而秘书、护士、幼教则多为女性。有学者通过实证检验发现，我国职业性别隔离正在波动中加深，而加大对女性的人力资本投资力度并未有效缓解隔离的程度，职业性别隔离层面上的人力资本错配使得人力资本投资回报率显著下降。三是男、女劳动力在退休年龄上的不平等。劳动法规定，我国男性劳动者的退休年龄多为55岁或60岁，少数在65岁，而女性劳动者则多在50岁—55岁之间。女性的退休年龄早于男性，使得退休女性的人力资本存在一定程度的浪费，人力资本配置效率也因此影响而降低。

（四）不同区域间的人力资本错配

学者们在研究区域发展不平衡的形成机制时，多将目光聚焦在技术进步、城镇化水平差异以及政策区别上，少有学者以人力资本错配为视角研究人力资本利用效率对区域经济发展的影响。朱琳研究发现，我国人力资本错配程度在区域间呈现出显著差异，东部地区错配程度相对最低，中部地区次之，西部最高。中西部地区人力资本错配程度较高的原因在于拥有高人力资本水平的那部分劳动者，因地区产业结构升级滞后而产生了低人力资本配置效率。人力资本在区域层面的错配加剧了我国区域之间经济社会发展不平衡的程度，抑制了人力资本红利的充分释放。

二、人力资本错配的不利影响及原因分析

（一）不利影响

人力资本错配对我国经济和社会发展均会产生负面影响。

人力资本错配对经济发展的负面效应大致体现在四个方面：一是导致人力资本利用效率与投资效益降低，抑制人口质量红利的释放。人力资本错配是对人力资本配置及时性和有效性的损害。我国正从依靠生产要素投入的人口数量红利阶段，过渡至依靠全要素生产率提高带动经济增长的人口质量红利时期。人力资本错配使得部分高素质劳动者难以将其拥有的人力资本转化为现实生产力，造成了人力资本的严重浪费，阻碍了人力资本红利的释放，对潜在产出和全要素生产率的提高均有负面影响。二是造成了失业率的上升。人力资本错配将提高劳动者的失业率。一方面，政府部门、事业单位以及垄断性行业的人力资本存在一定程度的浪费；另一方面，民工荒提高了用工成本。我国传统依靠廉价劳动力的

发展优势遭到冲击，大批制造业面临发展困境甚至倒闭，失业率上升。三是阻碍了自主创新的实现以及产业的优化升级。我国高素质人才因薪酬刺激集中在经济实力雄厚的各垄断性行业，科技创新型部门因人力资本存量不足而导致创新效率低下，阻碍了自主创新的实现。人力资本与产业行业结构的错配也使得人力资本边际产出递减，高素质劳动者积压在低技能行业，社会整体人力资本水平的提升受到抑制，不利于产业的优化升级。四是抑制了劳动生产率的提高，加剧了区域发展的不平衡。合理的人力资本配置能够通过释放人力资本的外部效应提高劳动生产率，而人力资本错配则阻碍了劳动生产率的提高。此外，人力资本错配程度在区域间的差异性进一步拉大了区域发展的差距，更多的劳动力流动入部地区，加剧了中西部地区农村的空心化程度，不利于区域经济的长期均衡发展。

人力资本错配对社会发展的不利影响主要表现在两方面：一是教育投资的必要性遭到质疑。一方面，人力资本在受教育程度不同的群体间畸形配置，人力资本初始程度较高的劳动者在劳动力市场供过于求，而人力资本初始程度较低的劳动者却供不应求。另一方面，在高校毕业生供过于求、竞争加剧的背景下，所处社会阶层较高的家庭会利用社会资本帮助其子女寻求到相对较好的工作，而凭借教育投资提升人力资本，促使自身社会阶层向上流动的传统观念却随着人力资本投资回报率的降低以及社会阶层的固化而遭到冲击，进而导致社会公平性的降低，从而引发一系列社会问题。二是人力资本在性别层面的错配导致女性人力资本低配或闲置。男女两性人力资本配置效率的差异进一步加剧了就业性别歧视，固化了男女两性的社会地位。部分高素质女性劳动力因就业歧视未能获得与自己人力资本相匹配的职位，还有部分女性因就业困难而选择离开劳动力市场从事家务劳动，不利于新型家庭关系的建立。

（二）原因分析

机制是人力资本错配程度的决定性因素。当前，造成我国人力资本错配的主要原因在于正式制度建立不够完善或较为迟缓，非正式制度缺失和扭曲。

在正式制度建立方面。一是户籍制度改革较为滞后。中华人民共和国成立以后，我国的户口登记与管理成了维护和管控社会秩序的必要手段，而1958年《户口登记条例》的颁布表明城乡二元户籍制度的正式确立。城乡户籍人口在管理制度、福利制度等方面存在明显差异，户籍制度的存在割裂了城乡一体化格局，阻碍了城市化进程，抑制了劳动力要素的自由流动。而户籍制度与人力资本错配的关联性集中体现在户籍制度改革滞后影响了劳动力市场的流动性，抑制了城市化中的劳动力供给。二是劳动力市场制度的不健全。我国劳动力市场存在明显的分割现象：一方面，城乡劳动力市场分割阻碍了农业人口的顺利转移，加剧了用工荒，破坏了就业环境的公平性，降低了人力资本配置的效率；另一方面，体制内外分割让体制外劳动者的权益很难得到保障。劳动力市场的分割提高了劳动者工作转换的成本，在制度壁垒下，我国人力资本配置效率降低。三是就业制度改革迟缓。就业保障制度的建立与就业立法推进滞后，使得部分劳动者合法权益无法得到保护，降低了劳动者的就业质量。此外，我国的退休制度作为就业制度的一个分支，也存在一定问题。我国劳动者的退休年龄整体较低，平均退休年龄仅为53岁。中华人民共和国成立至今的70多年间，我国劳动者的退休年龄基本保持不变，平均预期寿命却有了大幅提升，老年人口的人力资本存在严重的浪费现象，不同性别人群的退休年龄也存在较大差异。

除正式制度之外，社会风俗文化、大众舆论等非正式制度也会对人力资本错配产生影响，主要体现在三个方面：从教育层面来看，高校培养了大量管理型人才，导致管理类人才供大于求，高级技能型人才却相对缺乏，教育培养体系不合理。从行业（部门）层面来看，除薪酬刺激之外，垄断性、非生产性行业（部门）通常拥有较为稳定、安逸的就业环境和较高的社会地位，与社会就业观的价值取向相符，从而加剧了生产性强、市场化程度高的行业（部门）高素质人才稀缺的问题。从性别层面来看，就业中的性别歧视是造成性别层面人力资本错配的根源，而就业中的性别歧视本质上受社会观念支配。早在20世纪末就有学者指出，在社会或家庭资源一定的条件下，男性通常会在教育、健康护理等方面比女性得到更多的人力资本投资。人力资本错配与就业性别歧视之间非良性的因果循环，导致就业性别歧视不断加深。

三、人力资本错配的破解策略

（一）观念变革：转变“精英教育”的观念

近年来，我国高等教育规模的扩张促使高校毕业生在数量上不断增加，使得我国高等教育的发展未能实现与经济同步，甚至超越了经济发展的速度。高等教育的扩张是导致我国大学生群体在劳动力市场呈现出结构性过剩的根源，也是人力资本严重浪费的重要成因。因此，需要转变高校人才培养观念，调整高等教育结构。高校应根据市场需求，减少普通本科的招生规模，并着眼于我国现阶段产业结构的调整合理设置专业，着力发展应用类、高新技术类专业，相应缩减对传统管理类专业的设置；加强对在校大学生实践能力的培养，为其提供更多的实习机会，促进高校学生理论知识与实践能力的融合和提升。同时，应进一步加快职业教育的发展。加大对职业教育的资金投入与扶持力度，革除传统“重学历轻技能”的观念，以产业结构调整与市场需求变化为导向，扩大职业技术院校招生规模，增加对技能型人才的培养与输送，使高等教育结构与经济社会发展相适应，提高人力资本利用效率，减轻人力资本错配程度。此外，用人单位也要转变招聘理念，秉持“男女平等”的观念，制定真正适合企业发展的用人用工招聘制度，将劳动者的德才放在首位，消除招聘中的性别歧视，以公开透明的招聘标准挑选人才，减少因就业歧视而带来的人力资本错配现象。

（二）制度革新：建立健全各项制度

一是推进户籍制度改革。改革户籍制度并不限于还劳动者自由迁徙的权利，其本质意义在于让户籍功能单一化，使其功能仅限于人口的登记管理，让劳动者人力资本的释放不因户籍的存在受到阻碍，从而促使人力资本得到最大限度的利用，有效扭转人力资本错配的现状。因此，应坚持因地制宜，对特大城市实施积分落户政策控制人口规模，充分考虑区域承载力，其余城市放宽落户条件，制定透明的落户标准，降低落户门槛。二是完善劳动力市场制度。建立统一开放的劳动力市场。在发展农村劳动力市场，实现农村人口顺利转移的同时，引导劳动力在行业部门以及区域间自由流动，促使高素质劳动力从人力资本利用效率低的垄断型行业（部门）和区域向人力资本利用效率高的创新型行业（部门）和区域转移。同时，提高我国自主创新能力，破除阻碍其流动的制度壁垒，降低劳动者转换工作的成本，尽可能实现劳动力市场上的供求平衡，有效降低人力资本错配程度。三是进一步改革与完善就业制度。一方面，完善就业保障制度，维护劳动者正当权益，特别关注大学生就业问题与就业性别歧视问题。加快推进就业立法，以学生发展为导向，建立大学生就业保障制度体系。此外，应消除对女性就业方面的歧视，保障女性人力资本的有效利用，减少女性劳动力资源浪费或匹配不当的情况，并加大法律执行过程中的监督管理力度，切实维护女性在就业中的权利。另一方面，进一步改革退休制度，可试点并出台男女两性同龄退休的政策，将我国男性劳动力与女性劳动力的退休年龄同步延长至65岁，以缓解人口老龄化进程加快所带来的财政收支困境，尊重男女两性在劳动力市场上平等就业的权利。

（三）调整产业结构：推动产业升级和转移

一是加快推动中西部地区产业升级，大力发展创新型产业，增强中西部地区的产业吸纳能力，为高素质劳动力创造更多的就业机会。中西部地区农业部门就业比例较高，部分高素质劳动力闲置，服务业作为吸纳就业最多的产业，要加快推动高端服务业的发展以吸纳高素质劳动力。政府可以加大政策支持力度，设立中西部地区服务业发展专项基金，加大服务业招商引资力度，鼓励民间资本对服务业的投资与参与。二是打破劳动力在区域间的流动壁垒，引导劳动力从人力资本错配程度高的地区向人力资本错配程度低的地区合理有序转移。三是让西部地区承接部分从东部转移来的产业。伴随人口数量红利的消失以及用工成本的提高，东部地区劳动密集型产业丧失了比较优势，大批制造型企业倒闭，很多劳动者遭遇了失业的冲击，人力资本配置效率降低。东部地区丧失廉价劳动力优势的劳动密集型产业，可以适度转移至西部地区，利用西部地区较低的人力成本，弥补东部地区劳动力成本上升造成的优势丧失等问题。同时，推动中西部产业的升级与转移，既能够缩小中西部发展差距，也能在一定程度上缓解人力资本在区域层面的错配程度，提高人力资本利用效率。

第六节　学生群体人力资本投资

学生是社会劳动力资源的强大后备军，自高等教育扩大招生之后，大学生的数量呈现不断增加的趋势。2018 年城镇新增长的劳动力保持在 1500 万人以上，其中高校毕业生达到 820 万人，占比超过了一半以上，又是一个历史新高。社会就业岗位有限带来了巨大的就业压力，毕业生在不能充分就业的背景下，导致人力资本投资的收益下降。

现在是人才竞争的时代，无论是政府还是公司企业都在争抢人才。学生作为社会重要的人力资源群体，如何提高自己的人力价值十分重要。人力资本投资对学生来说至关重要，良好的投资选择可以提高学生的能力和素质，还可以提高整个社会的人力资本素质与质量。所以，分析如何有效对学生进行人力资本投资，如何促进学生团体人力资源质量合理发展是十分有必要的。

一、人力资本投资的主体分析

学生作为社会未来劳动力的重要主体，教育投资是其投资的主要方面，上大学主要是为了增加自身的知识储备，以适应社会的发展，不断提升自身的能力素质。当今社会，随着高校的扩招，高等教育不再是少数人的教育，已经发展成为一种大众素质教育，所以，对大学教育专业的选择成为人们关注的焦点。每逢大学生毕业季，就会出现“就业难”的现象，学生在社会竞争中的力量越来越小，教育投资收入并没有达到预期。

大学教育的人力资本投资收益通常是以高工资为其表现形式的，它作为一个预期值将接受教育的未来收益中超出不接受教育的可能收益的那部分加以折现，汇总作为接受教育的投资收益。2017 年，1/8 的大学生毕业选择继续进行教育投资来增加未来收益，随着本科教育投资收益率的降低和就业难现象的出现，选择继续深造成为可行之举。在本科生就业调查中发现，由于学生掌握的都是基础的专业知识，所以导致供需不匹配；专业设置不合理导致劳动力结构不合理；又由于就业信息的不完善，造成找工作的交易成本过高。所以，通过人力资本投资模型可以看出，本科大学生继续增加教育投资，接受更高层次的教育和更长的教育年限，成为提升思想和精神收益、提高未来的工资收益的一种投资。

二、学生人力资本投资的现状

人力资本投资存在一定的风险性，并不是所有的教育投资都可以获得有效的收益。就目前大学生市场投资的现状来看，仍存在一些问题。

（一）我国对教育的投入方面明显低于发达国家的教育水平

我国的教育投资存在不平衡，2017 年国家对普通高等院校的投入是 33481 亿元，而对中等职业院校的投入是 18364 亿元。由于各地的经济发展水平不一样，这便导致在地区和城乡的教育投入也存在很大的差异，中西部地区明显低于东部沿海地区，农村的教育水平明显低于城镇。

（二）学校普遍扩大对本科的招生之后，导致大学生人数激增，教师资源紧缺，教学质量下降

而且由于市场信息不完全，导致部分专业设置或课程设置的落后，学生不能良好地适应市场需求。

（三）由于主体的差异，学生的教育水平也存在明显的差别

学生的学习心态和观念的不同，导致学生的学习质量明显不同。有部分学生逃避学业，沉迷于游戏。即使在课堂上，能认真听课的同学也不及全班学生的 1/3。在宽松的学业下，能有效约束自己学习的学生更是少之又少。据调查，65% 的学生在大学里一直处在迷茫的状态，没有明确的规划意愿。普通高校的学习氛围一般，严重影响到教育投资的收益。

三、学生人力资本投资的措施

随着社会经济的发展、经济结构的调整、新技术的应用，社会对未来劳动力的能力要求也在逐渐提高，增加教育投资人力资本投资的最佳方式。教育的投资不能全靠个人或者家庭，要提升整个社会的劳动力素质就必须全社会协同提高社会的教育投资。

（一）政府要平等地增加对教育的投资

政府要从资金和观念上，引导职业教育与学术教育平等发展。此外，我国不同地区和城乡的教育投资差别巨大，东部地区高校众多，教育资源丰富，而中西部的教育水平明显不足，农村的教育配置和师资力量与城镇相比严重缺乏。政府需要增加对发展水平较低地区的教育的投资，增加教育贷款，缓解教育投资的不平衡。教育的平等可以缓解社会劳动力供给的不均衡，有利于提高就业率，可以使人员根据自己的能力配置到合适的岗位，从而提高人力资本投资的效益。

（二）学校要提高教学质量

学校要增加学生特别是大学生的学习任务，适当给予增压，不要让“打游戏”“睡觉”占据学生的主要时光，不要让教育投资变成一种高风险的投资。只有真实地增加学生的知识储备，才能提高人力资本的收益。参与社团活动也是锻炼学生社交能力、协调能力、合

作能力、创新能力、表达能力等的重要方式。另外，学校要及时和社会对接，根据社会需求培养学生，在就业方面积极引导，减少就业信息流通的障碍。

（三）作为学生，选择教育投资存在主观性的风险

大学生应该主动增加自己的投资，利用教育投资的时间完善自己，提升就业能力，以顺应社会的发展需求。除了学好本专业知识技能之外，大学生还应做好职业生涯规划，有效地对自己进行人力资本的投资。例如，考取各种职业证书来增加自己的就业能力，提高能力素质；根据自己的兴趣特长确定自己的发展方向，提早为就业做准备。

总之，人力资本的投资不仅是社会经济发展的需要，也是个人价值实现的需要。教育投资是人力资本投资的最佳方式，不仅可以提高未来的工资收入，还可以提高自身的思想修养和生活质量等。大学生要提高人力资源的质量，就必须提高自身的劳动质量，从人力资本投资的角度寻求对策，运用理论与实践相结合的方法，不断提升自身的素质。

第七节 人力资本与中国经济增长

在中国外向型经济发展的过程中，劳动力素质快速提升，而过去快速的经济增长与教育科研投入，也保障了中国新一代劳动力教育水平的提高，中国人力资本在过去经济增长的过程中逐步积累形成。未来，要继续强化教育投入与科研投入，并不断完善制度保障，提升人力资本的生产转化水平；与此同时，中国还应当积极深化供给侧改革，为人力资本作用的发挥构造更为完善的平台，提升人力资本投入的回报率，真正使人力资本助推中国经济增长。

传统观念认为，人口红利的消失以及人口赤字的到来将对依靠传统人口优势发展的中国经济带来严重的阻碍，但从现行的中国经济来看，中国经济的发展态势仍然保持良好，国际货币基金组织（IMF）两度上调中国经济增长的预期也再次证明了中国经济增长的良好态势。从人口优势角度来看，究其本质，中国人口红利的减弱被人力资本的提升所抵消，经济增长传统动力的消退迎来的是以人力资本所带来的新动能。在过去的发展阶段中，基于“干中学”所带来的效应，中国劳动力生产技能水平不断提升，同时，得益于经济的增长，中国在教育、科技研发等方面的投入不断增长，劳动力专业知识水平不断提升，人力资本在中国过去发展的几十年中逐步形成，并将成为中国未来经济增长的新动能。

一、中国人力资本的形成与经济增长新动能的构筑

随着劳动生产技能水平的提高以及教育、科技投入的增长，中国劳动力尤其是高素质

劳动力占比不断提升，人力资本逐步成为中国经济增长的新优势。厘清中国人力资本形成的过程，探究人力资本推动经济增长的主要路径，对于中国继续强化人力资本，构筑经济增长的竞争优势具有一定的必要性。

（一）外向型经济的发展推动劳动力素质的提升

改革开放以来，中国坚持“走出去”与“引进来”的对外政策，坚持贸易强国战略，在不断扩大出口规模、参与国际竞争的同时，积极引进外商直接投资、引导对外直接投资，在这种立体化的外向型经济发展过程中，中国劳动力素质与基本技能获得了明显的提升。一方面，在参与出口竞争的过程中，通过“干中学”增加国际市场竞争效应，中国企业在经历模仿、模仿创新、自主创新的过程中，不断提升劳动力生产率与生产技能，使中国的劳动力尤其是制造业从业者能够在不断熟练制造技能的同时推动技术创新、技能创新的共同进步；另一方面，外商直接投资的技术溢出效应使得国内企业在参与生产的过程中有效提升生产效率，提升劳动力的生产技能，在这一过程中，劳动力从外资企业向内资企业的流动同样发挥着明显的推动作用。对外直接投资所获得的逆向技术溢出效应同样为中国中间产品生产水平的提升提供了直接的推动力。中国在外向型经济发展的过程中，劳动力素质不断获得提升，高素质、高技能、科研型、技能型人才占比不断提高，人力资本逐步获得积累。

（二）经济快速增长助推人力资本的有效积累

在过去几十年，中国经历了经济的高速增长期；与此同时，中国基础设施、教育、民生等多方面投入也在不断增长，国内生活、发展环境不断改善。在这一过程中，居民教育水平得到快速提升，职业技能教育、高等教育的开展使得新一代劳动力素质快速提高，当前，以高等教育入学率衡量的人力资本水平得到显著的提升，从 2000 年的 7.72% 上升到 2015 年的 40% 以上。如此，在传统劳动力素质提高、新投入劳动力教育水平快速提升的背景下，中国劳动力整体素质有了质的飞跃。

（三）人力资本构筑中国未来经济增长的竞争优势

当前，中国依靠低成本劳动力所构筑的传统比较优势正在逐步减弱，人口红利向所谓的人口赤字转变，但是从当前国际竞争来看，新一轮经济增长更多地依靠内部知识尤其是人力资本以及以科技研发衡量的内部知识的推动。中国日益增长的人力资本积累将为中国经济增长构筑新的竞争优势。一方面，随着劳动力素质的提升，中国参与全球价值链的环节将会朝向中高端攀升，参与全球分工的利润将会不断增长；另一方面，借助科技水平的提升以及人力资本的有效推动，中国将在“一带一路”平台上构建起自我主导的新全球价值链，赢得国际经济增长的新红利。

二、加快人力资本投入，推动中国经济增长的相关举措

从前期的论证来看，中国经济的快速增长为中国人力资本的构筑提供了充足的动力，而当前，人力资本的有效积累又为中国未来经济的进一步增长构筑了新的竞争优势。在未来经济发展的过程中，中国应当进一步加快人力资本投入，并提高人力资本与生产率转换水平，促进经济的进一步增长。

（一）教育与科研并重，为人力资本作用的发挥营造良好环境

人力资本作用的发挥不仅要求人力资本积累的稳步提升，更要求内部知识的协同发展。在当前越发激烈的国际竞争环境下，中国仍然要保持对教育的重点投入，为劳动力教育水平的提高提供基本保障，同时要继续加强科技研发水平，提高对科技研发的投入比重。如前所述，人力资本在参与全球国际分工的过程中，还需要科技水平的共同推动，只有保障教育与科研并举，在劳动力素质快速提升的同时构筑高技能人才研究、创造的平台，中国才能真正构筑自己的全球价值链，形成自身的竞争优势，赢得全球竞争红利，助推经济的进一步增长。

（二）完善制度保障，提升人力资本的生产转化水平

人力资本的积累与竞争优势的形成仍然存在一段明显的距离，单一的人力资本投入，没有相关的产业支持、政策保障，人力资本对经济的助推作用无法有效地发挥出来。当前，国家要进一步完善制度保障，出台更具有针对性的人才保障措施，如针对“双创”人员的制度保障、针对科技工作者的奖励条例、针对知识专利的保障条款等，使得高素质劳动力能够在完善的制度保障下积极投入到社会生产中，保障科技人员的成果，为社会生产效率的提高、技术水平的提升提供切实的保障。

（三）继续推进供给侧结构改革，以国内产业结构的完善提升人力资本回报率

随着劳动力素质的提升，人才就业与国内产业结构之间的矛盾也逐步体现出来。一方面，相关企业面临招工难的困局；另一方面，大学生就业难仍然是社会重点问题。这种劳动力市场的结构性问题，使得高素质劳动力无法完全发挥其基本职能。因此，在保障教育、科研、制度以及人力资本投入的同时，国家应当继续深化供给侧结构改革，拓宽改革指导面，引导整体产业结构的完善，引导相关产业延伸价值链，并向高端价值链攀升，以使丰富的人力资本能够被更好地利用起来，提升人力资本投入的回报率，完善人力资本对经济增长的推动效应。

从当前中国经济发展情况来看，中国人力资本在过去经济增长的过程中逐步积累形成，

未来，一方面要继续强化教育投入与科研投入，为人力资本作用的发挥营造良好环境，另一方面要完善制度保障，提升人力资本的生产转化水平。此外，还应当积极深化供给侧改革，为人力资本作用的发挥构造更为完善的平台，提升人力资本投入的回报率，真正促使人力资本助推中国经济增长。

第二章　人力资源战略规划

第一节　人力资源战略规划的内容及其重要性

随着当今社会的高速发展，组织的生存与发展不仅面临新兴行业的冲击和现有行业间的相互竞争，同时面临行业内变革与创新的挑战，以及被市场淘汰的风险。如何对组织进行准确定位，并在市场经济下不断提升组织的核心能力、保持绝对竞争优势，对于当今企业来说具有战略性的意义，并表现出深远的影响。本节将从人力资源管理的角度切入，首先将人力资源管理战略与战略人力资源管理进行区分与说明，其次针对人力资源管理战略规划工作的内容进行分析，最后就其在组织整体战略中的重要性进行说明。

一、人力资源管理战略和战略人力资源管理

人力资源管理战略是企业总战略的重要组成部分，给出并解决诸如人力资源管理的战略性命题等，包括人力资源目标的确定、人力资源的规划、人力资源的调整与配置等，是企业为实现公司战略工作而在雇用关系、甄选、录用、培训、绩效、薪酬、激励、职业生涯管理等方面所做决策的总称。它以对企业所处的内外部环境、条件、资源、机遇等相关因素的系统分析为基础，基于对企业全局利益及长远发展的考虑，对企业中人力资源这一重要人力资本进行全方位的指挥、监督、协调、控制、管理、开发，人力资源管理战略是这样一系列有关决策、规划的组织过程的总称。

与人力资源管理战略不同，战略人力资源管理是一系列关于对组织中人力这一特殊的战略性资源进行战略性的开发、利用与管理的机制、制度、流程、技术和方法的总和。它是人力资源管理战略的执行，为解决方案提供具体内容的要素。区别于人力资源管理战略，战略人力资源管理是反映到人力资源相关工作的方方面面与细枝末节上的，它的每一样工作都对企业的总体战略起到支撑与战略支持作用。

因此，人力资源管理战略与战略人力资源管理各有侧重点，是相互区别的，但又是相互联系与相互支撑的。

二、人力资源战略规划

人力资源战略规划是为组织的人力资源目标服务的，旨在解决人力资源供需动态平衡问题。通过研究总结国内外众多学者对于人力资源战略规划的定义，通常将其分为广义定义与狭义定义。广义上的人力资源战略规划是指根据组织的发展战略、组织目标及组织内外环境的变化，预测未来的组织任务和环境对组织的要求，以及为完成这些任务和满足这些要求而提供人力资源的过程，它强调人力资源对组织战略目标的支撑作用；狭义上的人力资源战略规划是指对可能的人员需求、供给情况做出预测，并据此储备或减少相应的人力资源，它以追求人力资源的平衡为根本目的。

通常来说，人力资源战略规划的内容可以划分为七项：外部人员补充规划、内部人员流动规划、退休解聘规划、职业生涯规划、培训开发计划、薪酬激励规划与组织文化规划。它是人力资源工作的起点，同时为人力资源相关工作的开展提供依据与指导。从规划的具体内容来看，人力资源战略规划包括以下三方面：人力资源数量规划、人力资源结构规划和人力资源素质规划。

1. 人力资源数量规划。人力资源数量规划是针对企业内人员总量，即总编制数的规划，包括核准确定企业目前的人员总量，以及对企业在未来一段时间内的人员需求进行预测。

根据企业生命周期理论，企业在不同的成长阶段对人员的需求不同，并且显示出动态性的特点。随着社会经济的发展与行业发展的动态和趋势，企业须以目前所处的成长阶段为依据，分析企业业务的发展情况，同时为确保公司各项工作流程与业务的顺利开展，对现有的人员数量进行统筹与规划设计。它依据企业战略对未来企业的业务规模、地域分布、商业模式、业务流程和组织结构等因素，确定未来企业各级组织人力资源编制及各职类职种人员配比关系或比例，并在此基础上制订企业未来人力资源需求计划和供给计划。

人力资源数量规划主要解决企业人力资源配置标准的问题，为企业未来的人力资源配置乃至整个人力资源的发展提供了依据，指明了方向。

2. 人力资源结构规划。虽然人力资源数量规划、人力资源结构规划与人力资源素质规划是同时进行的，但从工作流程的角度来看，数量规划与素质规划都是依据组织规划所确定的结构进行的，因此，人力资源结构规划是人力资源战略规划的重点。

人力资源结构规划是依据行业特点、企业规模、未来战略重点发育的业务及业务模式，对企业人力资源进行分层分类，同时设计和定义企业的职类职种职层功能、职责及权限等，从而理顺各职类职种职层人员在企业发展中的地位、作用和相互关系。它的目的在于打破组织壁垒对人力资源管理造成的障碍，按照业务系统的要求对相关人力资源开发与管理提供条件，也为建立或者修订企业人力资源管理系统打下基础。

3. 人力资源素质规划。人力资源素质规划是依据企业战略、业务模式、业务流程和组织对员工的行为要求，设计各职类职种职层人员的任职资格要求，包括素质模型、行为能力及行为标准等。人力资源素质规划是企业开展选人、用人、育人和留人活动的基础与前提条件。

通常来说，人力资源素质规划有两种表现形式——任职资格标准和素质模型。其中，任职资格标准要反映企业战略及组织运行方式对各职类职种职层人员的任职行为能力要求，素质模型则反映各职类职种职层需要何种行为特征的人才能满足任职所需的行为能力要求。对人力资源素质进行规划，能够使得企业在今后的组织活动中及时识别、获取、储备与启用适应组织发展需要的人力资源。这对于企业整体战略的实现与战略目标的达成具有重要意义。

三、人力资源战略规划的重要性

人力资源战略规划的过程不仅是为了追求组织目标的实现，也致力于在有效设定组织目标和满足个人目标之间保持平衡的条件下使组织拥有与工作任务要求相适应的必要数量和质量的人力资源。首先，应该确保人力资源战略规划能够反映企业战略的诉求，满足企业战略需要。其次，人力资源战略规划应是基于企业的资源能力等基础，对企业的人力资源问题提出渐进式、系统的解决方案。最后，人力资源战略规划不仅应当根据企业内部的情况开展相关工作，同时应当使行业内发展现状及发展方向为企业的开发与发展发挥导向性作用。

第二节 企业人力资源战略规划的编制方法

随着企业对人力资源管理的重视，企业人力资源战略规划被越来越多的企业所重视，但在编制企业人力资源战略过程中，人力资源规划如何进行、应该由哪些篇章、部分构成等困扰着战略制定者，进而影响人力资源战略规划的实用性。因此，本节从实用性角度对人力资源战略规划进行探讨分析。

一、当前人力资源战略规划编写存在的主要问题

谈到人力资源战略规划，大部分人都会觉得这是一个很深奥的课题，并且很多企业都会因自己拥有人力资源战略规划而备感自豪。作为传统人力资源管理六大模块中排名第一的人力资源规划，编制规划是其重点工作之一，但同时带有一些迷茫。

（一）对人力资源战略规划认识不清

一是陷入两个极端误区：一部分人认为人力资源战略规划是一个高深课题，不敢面对；另外一部分人却恰恰相反，觉得人力资源战略规划简单，大多是个形式，一个文笔优秀的应届毕业生就可以完成。二是将人力资源战略等同于人力资源工作计划，或者只是一个“形象工程”，认为将人力资源日常工作计划写进规划即可，或者在教科书上搬一些理论就草率完成。

（二）全权聘请专业咨询公司编制

专业咨询公司看到目前人力资源管理者对战略规划的迷茫，于是刻意宣传专业人做专业事，让人觉得编制战略规划非请专业机构不可，从而进一步深化了人力资源管理从业人员对编制战略规划的恐惧。但一个蓬勃向上的企业必须有人力资源规划，否则就会觉得战略模糊，于是动辄花费几十万上百万元的咨询费用聘请专业机构。调查发现，咨询公司一直标榜人力资源战略要服从公司战略，他们却用一个统一的模板，为企业编制出结构整齐的战略规划，导致企业真正实施战略规划时没有可操作性，人力资源规划因此成为柜子里的“珍藏品”。

（三）规划内容华而不实

不管是聘请专业咨询机构编制的规划，还是文笔优秀、理论知识丰富的应届毕业生编制的人力资源战略规划，其所谓的紧跟公司战略规划的实质就是在人力资源规划中引用公司战略的几句话或原文，而不是对公司战略的层层分解，没有依据企业战略浓缩出未来人力资源管理的愿景与工作重点。

二、人力资源战略规划编制出现问题的原因分析

一般涉及战略规划，都属于企业中长期规划，是企业未来发展的方向。对战略规划者来说，不仅要熟悉公司运营，而且要有战略性的眼光，这对编制战略的人力资源管理人员来说确实有较大的挑战，主要表现在以下方面。

（一）当前研究甚少，缺少参考

首先，企业人力资源战略规划一般 3 — 5 年才规划一次，实施期间虽然会根据实际进行修订，但修改很少，且频率低，因此，相对于其他六大模块来说，整个人力资源市场专业人才少。其次，不管是高校教材还是研究人员发表的论文，对人力资源战略规划重点研究均侧重于人力资源战略对组织和企业的作用，或者从理论高度阐述人力资源战略的编制方法，这些都仅停留在理论高度而缺少实际操作，因此在面对企业真正的需求时，编制者往往无从开始。最后，企业人力资源战略一般属于企业机密，不对外公开，因此可参考的资料较少。

（二）对公司战略不清楚，无法抓住重点

第一，企业人力资源战略规划交由专业咨询机构来编制，虽然能编制出外表华丽的战略，但没法让同时肩负多个企业咨询业务的专业咨询团队在极短的时间内编制出符合公司的战略规划。他们草率而极短的内部调研是没办法走进企业跟随企业战略的，而且要真正编制出一个适合企业发展的人力资源规划，必然涉及企业核心机密，咨询公司未必能第一手掌握，这将导致编制的战略无法落地执行。第二，如果企业自身编制战略规划，则需要工作经验丰富而且有一定文笔的专业人员，但这种人员一般都处于领导岗位，没有时间来全身心投入地做规划，也会因为缺少相关实操经验而失败。甚至有部分企业将人力资源规划交由某一个人去完成，这都将导致战略规划抓不到重点，导致未来人力资源战略不清晰等问题的出现。

（三）等同于人员预测

谈到企业人力资源战略，很多人会说公司发展多少年后，员工数达到或者控制到多少人，而且实际规划中也主要围绕人员预测进行。这显然很片面，一个人力资源预测，不能被称为人力资源战略规划。

三、编制人力资源战略规划的建议

企业人力资源规划并非不能由企业内部人员编制完成，但也不是一个人就能完成的。要编制企业人力资源规划，首先要组建一个团队，团队要包含三类人：经验丰富的人力资源管理专家、企业内部各业务线的专家、理论知识丰富而且文笔优美的年轻人力资源管理人员。团队组建后，一般从以下五方面进行人力资源战略编制。

（一）现有人才盘点

人才盘点一般就是摸清“家底”，是人力资源规划最基础也很重要的工作，只有对现有人才进行盘点，做到知己，才能编制出一个适合企业的人力资源规划。

（二）SWOT 分析

SWOT 分析广泛应用于各种战略规划，这是在知己的基础上做到知彼。通过对内部优势、劣势，外部机遇、威胁进行深入分析，分解企业战略，为人力资源战略编制提供前提依据。

（三）提出战略目标与愿景

通过 SWOT 分析后，对企业战略层层分解和深入分析，做到知己知彼，进而提出人力资源战略目标与愿景。

（四）关键战略举措

关键战略举措一般从人力资源预测、招聘与配置战略举措、薪酬战略举措、绩效战略举措、培训开发战略举措、劳动关系战略举措六方面展开。

人力资源预测作为人力资源规划的重要组成部分，是整个规划中量化指标最集中的部分，涉及很多专业知识和模型，一般可以通过经验法、标杆企业对标法、多元线性回归等建模方式进行。但只能以其中一种方式为主，另外选择两种方式为辅进行修正，确保人力资源预测符合实际发展需要。

其他战略举措要根据人力资源战略展开，是对人力资源战略目标的分解与保障。

（五）保障措施

人力资源规划编制完成后，需要高屋建瓴地在规划中提出保障措施以及修订条件与周期，确保战略规划的严肃性和权威性。

四、人力资源战略规划编制成功的前提

衡量人力资源战略规划编制成功与否的依据之一就是其能否落地执行，这要求做到以下几个方面。

（一）紧跟公司战略

人力资源战略要紧跟企业战略是每个人力资源管理者一致的看法，甚至常把这句话挂在嘴边。大家都知道忌盲目跟从，但在实际操作中，很多编制人员为体现高水平而脱离实际，引进一些前沿的人力资源管理举措或者标杆企业的战略，导致在实施过程中因自身人力资源管理基础或者发展条件不成熟而无法落地实施造成战略失败。

（二）可实现

可实现性主要指人力资源战略目标要符合公司实际发展水平，盲目地跟随是无源之水，不能实现。

（三）可衡量

可衡量性主要是针对战略目标和举措而言的，做到能量化的目标尽量量化。假如人力资源规划的一些能量化的战略目标不量化，会加大实施过程中的难度，影响战略效果。

（四）可操作

可操作性主要是针对战略举措而言的，人力资源战略举措绝非水中捞月，而是基于公司管理实际情况，确保各项战略实施具有可操作性。

（五）执行力

人力资源战略一旦发布，就是一种固化的制度和目标，但再好的规划也需要人力资源管理者有执行力，只有不折不扣地按战略执行才能彰显其实际价值。

凡事预则立，不预则废。人力资源战略规划具有指导性和约束性、鞭策性和激励性、规范性和程序性，为实现人力资源管理工作程序规范化提供可供遵循的依据。人力资源战略规划是在企业战略基础上对企业未来人才需求、供给、引进、培养、选拔方式进行科学、整体的预测和规划，以及为实现这些规划采用的战略举措，它是企业人力资源管理其他职能的基础和前提。

第三节 战略性人力资源规划与预测

21世纪，企业人力资源管理方面成为社会尤其关注的问题。在实际工作中，想要实现动态人力资源规划，就应该对企业组织战略进行不断的创新和改革。然而，由于目前我国企业人力资源管理方面人才较为缺乏，而且管理理念比较落后，因此给人力资源规划带来了极大的挑战，本节对战略性人力资源规划与预测进行了论述，希望能起到启发与帮助的作用。

一、人力资源发展战略的适度调整

社会在不断地发展和改革，这虽然给企业的发展带来了极大的促进作用，然而，企业受外部环境影响而发生改变。作为企业，想要健康成长，应该对其战略进行相应的改善和调整。在企业战略规划中，人类自由战略规则非常关键。在进行规划的制定时，不仅要以企业总体战略规划为出发点，更应该根据实际情况，对战略性人力资源规划进行相应的改善。首先，企业处于创业期。此时，企业的主要战略规划应是对员工凝聚力的集中，以及激励、导向企业业务等方面，对于这个时期的企业发展来说，人力资源主要针对的对象是能够自己完成任务的人才。其次，企业进入成长期后。这时在对组织进行扩大的过程中，也会在管理方面得到进步，这是企业的总体战略规划，也就是说，企业更加注重将管理方向转变为职业化、标准化与规范化。所以，这个时期企业需要引进的人才应该是能够引领下属前往基层实干的领导型人才。再次，企业进入成熟期。企业总体战略规划从不同的方面出发：第一，对于企业自身的管理水平怎样进行深化，这也是企业核心竞争力的主要方面；第二，对于以后战略目标的发展，怎么规划好策略。可以说，在这个阶段，企业需要培养的人才主要是能够让企业人力资源管理质量得到深化，更能够为企业进行长远发展制定目标的人才。第三，企业进入衰落期。这个阶段比较关键，对于企业人力资源的发展，应该将企业总体战略和职工的性格、素养等方面进行匹配，应该相应地加强对职工交流和培训，让职工思维方式和行为模式能够达到一致，这也是需要强调的方面。这样才能让企业文化更加和谐。当然，在这个过程中，需要对职工的组织性和整体战斗力进行不断提升，让企业能够可持续发展。例如，诺基亚公司在从“产品制造企业”转型为“服务型企业”的过程中，在人力资源规划方面，调整了职工激励等方式，在确定职工薪酬的同时，调整了市场比较对象，更调整了考核时间，对过去的季度考核形式进行了改变，从而实现了项目周期考核的形式，此外还调整了能力、素质设计。

二、落实战略性人力资源规划改进工作

第一，对于企业来说，有些人力资源管理职能比较传统，处理时可以选择进行外包。可以说，专业化分工形成了企业。社会的发展对分工提出了高要求，不仅要更加精细，而且要提高其效率。对于企业内部的一些政务性工作，企业可以选择专业化的公司来执行，如招聘职工、设计薪资等方面。只有这样，企业在发展的过程中才能在企业价值更大的管理实践开发以及战略性经营伙伴发展等方面投入更多的精力，才能让企业人力资源管理水平得到有效的提升。第二，作为企业，应该将人力资源信息系统进行不断的完善和健全。这里所说的人力资源信息系统是指企业职工在工作的过程中，进行信息的收集、分析等。企业对人力资源信息系统进行建立的同时，应不断进行完善，这样才能让人力资源管理信息化得以实现。第三，企业内部人力资源管理部门的地位要重视起来，并且要不断地进行提升。过去，大多数企业将人力资源管理部门归类为后勤服务部门，措施更是以为事后补救为主，根本没有体现战略性。在这样的情况下，在如今的时代，想要有效地展开战略性人力资源规划，就应该将其放到前台，对企业的发展市场和业务进行深入了解，将动态管理落实到企业的每个环节。第四，对企业人力资源从业人员的综合素质进行不断提升。在这个时期，企业人力资源管理工作者自身的角色应该进行转变，转变为企业日常经营管理合作者。企业的人力资源部门要明确自身的管理原则，对人力资源管理的研究、预测等方面要特别重视并且作为重点，这样才能够让其业务部分实现增值服务。另外，企业经营目标和每个业务部门的发展需求，是需要人力资源管理工作者掌握的。深入了解企业职能、价值观等，在进行职工技能、态度方面的设计时，应该以企业战略目标为出发点，这样才能够对企业职工的潜力进行有效的挖掘，从而让企业人力资源得到长远的发展。

三、战略性人力资源队伍建设的强化

如今，想要合理制订企业战略性人力资源规划，并且落实到位，关键是拥有高素质人力资源团队。因此，作为企业，应该以战略性人力资源管理的核心职能为出发点，加强人力资源队伍建设。第一，企业内部人力资源的合理配置应该以配置职能为依据。在进行调

研工作时，应该对企业总体战略目标、内外部人力资源等情况进行全面的掌握；根据数据来分析、预测企业人力资源发展需求和供给，合理地制订企业的人力资源管理以及业务规划等；并且要严格地监督人力资源规划落实情况，最后对其进行评价，这样才能真正地实现企业战略目标。第二，职能的开发，可以让企业和职工一起成长和发展。开发战略性人力资源，其实就是以企业发展战略为出发点，开发企业人力资源，这样能够为企业战略目标的实现提供参考价值。所以，应该从企业战略目标与职业生涯规划两点出发，有效地开发人力资源，将其与马斯洛需求理论进行有机的结合，对新时代的职工需求进行明确，根据职工自身的不足，进行相应的专业培训，从而使职工的潜力得以有效发挥。在培训的同时，还需要对职工进行考核，这样才能让职员与岗位更加匹配。

第四节 基于战略管理视角下的人力资源规划

本节首先阐述了战略管理下企业人力资源规划的概念，接着分析了战略管理视角下人力资源规划存在的问题，最后对战略管理视角下企业进行人力资源规划的策略进行了探讨。

一、战略管理视角下企业人力资源规划的概念

人力资源规划是企业能够获取合适的人才的程序，能够保证企业的人力资源实现最优的利用。人力资源规划含义包括：（1）根据企业生产经营要求对人力资源的数量、质量以及结构进行规划；（2）人力资源要同时满足企业的目标和员工个人利益；（3）人力资源要能够灵活动态地适应企业发展；（4）重视企业的持续发展，在人力资源规划的实施过程中要不断进行动态调整，分层次储备企业人才等。

二、战略管理视角下人力资源规划存在的问题

（一）战略人力资源规划缺少稳定性

我国企业传统战略人力资源规划缺少科学性的战略管理目标，不少企业战略人力资源规划对人力资源规划的现状重视度不够，当企业的经营环境出现变化时，人力资源规划在缺少稳定条件的影响下，很容易发生变动，这样直接影响企业战略人力资源规划的稳定性。

（二）人力资源规划缺乏实际

当前诸多企业尽管重视对人力资源的管理，却因缺乏具有高素质且经验丰富的人力资源管理人才，而导致企业在人力资源预测分析上缺少客观性和科学性。同时，当前人力资源规划主要以企业全体员工为预测主体，这便使得预测数量过多且过程复杂，导致人力资源规划缺乏现实性。

（三）战略人力资源规划的灵活性欠佳

当今企业面临多元化挑战，传统战略人力资源规划的快速应变能力不足。随着企业的多元化发展，人力资源不再是简单的人员集合，而是一个团队或组织，这就使人力资源规划面临新的要求，离不开与企业各个职能部门的协调。但由于灵活性欠佳，当需要对人力资源规划进行动态调整时，很难第一时间进行，企业人力资源也会遭受损失。

三、战略管理视角下企业进行人力资源规划的策略

（一）评估企业现有的人力资源

人力资源管理部门通过对企业现有的人力资源情况进行系统分析，进而掌握企业人力资源的整体信息。在对人力资源信息进行掌握时，要保证人力资源信息的准确性以及全面性。在准确掌握人力资源信息后，要对企业当前的岗位人才情况进行调查，根据岗位中的核心人才情况来评估企业员工职位匹配度是否合理，对现有的人力资源进行合理调整，制订具有针对性的人力资源规划方案。

（二）对企业未来人力资源供需进行科学预测

在企业战略管理的指导下，采取科学的方式对企业未来的人力资源供需进行科学预测。企业战略管理能指导企业未来发展的方向，而分解的人力资源战略是预测企业人力资源供需的基础。一般情况下，企业通过综合分析发展的总目标、战略管理、构建人力资源的原则等信息，预测得到的人力资源供需情况具备一定的可靠性。作为人力资源规划的必备环节之一，预测人力资源供需的准确性异常重要。在具体的分析与预测过程中，通常会涉及两类方法：一是主观类方法，具体有问卷调查法等，它们被广泛应用于企业人力资源管理，优点在于操作简便，缺点是数据信息缺乏普遍性，结论的主观性较强，往往很难定量，只能定性；二是客观类方法，主要手段包括数学线性规划、人力资源预测模型，优点在于量化预测的内容，站在理论的高度提高预测结果的准确性。但目前企业运用模型的能力相当有限，在运用很多数据时都很难确保精确性，计算出的结果往往也缺乏准确性。因此，不管采取哪种方法，企业都应从自身实际出发，找到与企业的战略管理及发展契合的方法，尽可能将预测的准确度提高。

（三）合理调配企业现有人力资源

企业在进行人力资源规划时，要实时合理调配企业现有的人力资源，注重培养企业所需的储备人才，保证企业人力资源规划的灵活性，将企业现有的人力充分利用，保证员工能够在不同岗位发挥不同的作用，节约用人成本，发挥人才的作用，同时要灵活运用企业的各种资源，增强企业人力资源规划的灵活性。

（四）健全战略人力资源规划的制度保障

战略人力资源规划的顺利进行需要配合一系列的人力资源管理制度，比如建立完善的人力资源绩效考核机制以及员工奖励机制等。制度的建立完善可以极大提高企业员工的工作积极性，从而为企业的发展带来更多的经济效益。人力资源制度的建立和完善需要协调各部门之间的关系，比如绩效科要以企业员工的工作能力和业绩为导向，完善绩效考核制度。此外，建立相应完善的制度可以优化人力资源的管理结构，使企业员工更加适应所在岗位的发展。再者，建立完善的人才选拔机制，针对企业重要的岗位可以采取竞争上岗的方式，择优录用，尽可能发挥人才的作用。劳动就业体制还需要不断地加以深化改革，切实保障企业员工的根本利益，依法签订劳动合同。

（五）制订长远的人力资源战略规划

在人才选拔方面，选拔知识型员工已是大势所趋，企业应充分利用战略管理视角下的大数据优势，获取相关数据信息，对其进行整合分析，结合企业需求对人才进行选拔。在人才培养方面，企业管理人员必须站在一个新的高度，拓展新思路，采取新措施，紧跟时代的步伐，对员工知识技能的培养应与企业未来的发展相适应。在人才任用方面，最重要的是要学会识人，利用互联网进行信息收集，并对收集的数据信息进行分析，了解员工的个性心理和个性特征，并对其能力进行考察，选择具有创新精神、有能力的员工。在人才留用方面，为员工提供良好的福利待遇以及发展空间，了解员工的真正需求，为其创造良好的工作环境，这样才能让优秀员工踏实、忠诚地为企业工作。

综上所述，企业战略视角下人力资源规划是非常复杂的，参与人力资源规划的部门有多个，针对这样的情况需要将企业各个部门的关系协调好，以便人力资源规划的相关环节可以顺利地进行，促进企业战略人力资源规划的发展。

第五节 战略扩张期企业人力资源发展规划

多元化的市场环境，要求战略扩张期企业注重人力资源发展规划，优化企业战略性发展的内外环境。本节立足战略性扩张期企业的特点，分析了人力资源发展规划中存在的问题，并在此基础上，从优化人力资源发展规划、创设人才发展平台、建立人力资源开发机制等方面，具体论述了战略扩张期企业人力资源发展规划策略。

人力资源是企业发展之根基，是企业发展战略的有力支撑。企业在不同的成长阶段，对人力资源的需求有所不同，但归根结底都是以人力资源发展规划为导向，建立完备的人力资源体系，服务企业经营发展。处于战略扩张期的企业，对人力资源的“量”与“质”

有双重需求，强调核心人才在战略扩张发展中的重要性。人力资源发展规划要紧扣企业发展所需，立足对应的发展阶段，制订科学有效的发展规划，与战略性扩张发展相匹配。下面笔者从现实问题出发，立足战略扩张企业的发展特点及所需，就如何实现人力资源发展规划的科学实施，具体进行了如下阐述。

一、战略扩张期企业人力资源发展规划问题

人力资源管理是企业内部管理建设的重要内容，科学有效的发展规划直接关系到企业的发展进程。对于战略扩张期企业而言，完备的人力资源保障是推动其战略性发展的内在动力。但就实际而言，很大一部分战略扩张期企业缺乏对人力资源发展规划的重视。战略性人力资源规划“不稳定”、实效性“不足”、灵活性“不佳”等问题，影响了企业的战略性扩张。具体而言，主要有以下几点问题。

（一）稳定性不足

人力资源发展规划稳定性不足，与战略性扩张发展相脱节。战略扩张期的企业，需要充沛的人力资源做支撑，人力资源发展规划不稳定，直接影响到企业战略性发展的持续推进。首先，人力资源发展规划与企业战略扩张发展相脱节，人力资源发展规划缺乏目标导向性，追求短期经济效益，难以实现人力资源发展规划的战略性；其次，人力资源发展规划易受外部因素影响，特别是在战略扩张时期，企业所面临的市场风险因素增加，人力资源发展规划的不稳定性将会对企业人力资源管理体系形成影响，制约企业战略性扩张的推进；再次，人力资源发展规划的直接经济效益不显著，在战略性扩张时期，经济效益最大化的目标导向削弱了人力资源发展规划的重要性，导致组织落实不到位。

（二）实效性欠缺

人力资源发展规划实效性欠缺，战略性扩张效能不显著。人力资源发展规划的实效性在于服务企业扩张发展，完善人力资源体系。但从实际来看，战略扩张期企业的资源整合力不足，人力资源发展规划的实效性欠缺，以至于服务战略扩张发展的效能不显著。一方面，企业“重实务，轻规划”，人力资源发展规划的目标导向性不足，影响了人力资源规划的可操作性；另一方面，企业在人力资源的需求预测中，以主观判断为主体，缺乏人力资源规划与战略扩张发展之间的匹配性，出现人力资源闲置浪费等问题。

（三）灵活性欠佳

人力资源发展规划灵活性欠缺，缺乏战略发展应变能力。多元化的市场环境，要求现代企业要紧扣市场发展，创设灵活多变的人力资源管理机制。而企业在人力资源发展规划中，缺乏市场变动因子的灵活应变能力，人力资源规划的动态调整欠缺，影响人力资源发

展规划的可操作性。首先，人力资源发展规划浮于表面，对于战略性扩张发展的人力资源需求缺乏科学有效的判断分析；其次，人力资源发展规划“死板”，缺乏战略扩张发展的应变能力，对于动态属性下的规划研究缺乏灵活性的应变能力。因此，在人力资源发展规划中，要针对战略性扩张发展所需，提高发展规划的灵活性，使之与战略性发展相契合，提高应变能力。

二、战略扩张期企业人力资源发展规划策略

人力资源的特殊性，要求战略扩张期企业审视人力资源发展规划的重要性，以战略发展为导向，深化发展规划构建，为企业健康有序发展创设良好内部条件。不同发展时期，企业人力资源发展规划的立足点不同。扩张期人力资源规划，应拓展规划面、提高规划效能，为企业战略发展提供动力，盘活经营发展。具体而言，战略扩张期企业人力资源发展规划可从以下几方面具体展开。

（一）紧扣战略发展目标，优化人力资源发展规划

战略扩张期的人力资源开发应明确以下两个关注点：一是如何在战略扩张期创设充沛的人力资源，支撑战略扩张的持续推进；二是如何在战略发展的目标之下，深化人力资源发展规划的目标导向性。很显然，战略扩张期的企业需要人力资源发展规划的“准备性”“目标导向”，为企业提供长远的人力资源储备以及核心人力资源。首先，优化人力资源结构，夯实核心人力资源的结构比重，为企业战略扩张提供充足的人才保障；其次，明确战略目标导向，构建可持续性发展的人力资源规划体系，为企业战略扩张创设良好条件。一方面要企业要针对发展所需，完善人才培养机制，将人才培养与组织战略有机结合；另一方面，要推进企业文化建设，形成具有凝聚力、战斗力的企业文化，并融入人力资源发展规划中，夯实战略性扩张发展的基础。

（二）创设人才发展平台，聚焦人才与企业成长

人才是发展的动力，尤其是扩张期的企业，更需要完备的核心人力资源。为此，企业一是要创设人才发展平台，提高岗位价值创造，为企业与职工的互利共赢创设良好的平台环境；二是要关注人才发展环境，从人才发展出发，立足企业扩张发展所需，搭建多元化的发展空间，促进人力资源规划与战略扩张有机结合，实现企业健康发展；三是要聚焦企业与人才的共同成长。从实际出发，关切人才发展所需，从双方的共同发展点来构建更具活力的人力资源规划，能够更好地激活企业发展，推动人才在企业战略扩张中的作用。

（三）建立人力资源开发机制，创设人力资源发展环境

人力资源开发机制的建立，旨在优化战略扩张期企业的人力资源发展环境，让人才培

养成为人力资源发展规划的重要组成部分。首先，创新“聚才”机制，让环境留人、事业留人，不断地通过机制的优化与创新，让优质人才留下来、发展起来，成为企业战略扩张的不竭动力。其次，建立人才竞争机制。企业所需人才，应具有发展动力，能助力企业战略扩张发展。为此，人才竞争机制的建立，旨在开发人才潜力，以更好地服务企业发展，形成良好的发展动力。再次，转变人力资源规划模式，提高人力资源管理效能，通过完善的人力资源信息系统，完善人力资源开发规划环境，为战略扩张期企业的人力资源规划创设良好的外部条件。

综上所述，人力资源发展规划是服务企业发展，构建战略性人力资源体系的重要基础。战略扩张期企业面临新的发展机遇与调整，人力资源发展规划的科学实施，是支撑企业战略扩张的有力基础。在本节探讨中，战略扩张期企业面临的人力资源发展规划“不稳定”“实效性欠缺”等问题，要求战略扩张期企业要审视发展环境，夯实三方面的人力资源发展规划：一是紧扣战略发展目标，优化人力资源发展规划；二是创设人才发展平台，聚焦人才与企业成长；三是建立人力资源开发机制，创设人力资源发展环境。

第六节　我国非政府组织人力资源管理

近年来，非政府组织（NGO）作为一支新兴的社会力量伴随着广泛的经济、行政体制改革正快速发展起来，在弥补市场与政府缺陷方面发挥了不可替代的作用，然而相较发达国家，我国非政府组织还很不成熟，各方面问题突出。本节以非政府组织人力资源管理为出发点，着重从非政府组织人员结构、人员选拔机制、绩效考核机制以及激励机制几方面探讨非政府组织人力资源管理所存在的问题，进而从政府扶持、人员选拔机制、绩效考核机制、激励机制等方面寻找非政府组织人力资源管理的出路。

关于非政府组织，联合国新闻部将其理解为“在地方、国家或国际上组织起来的非营利性的自愿公民组织”。改革开放以来，我国广泛实行的经济与行政体制改革为非政府组织的发展创造了前所未有的发展机遇。民政部《2011 年社会服务发展统计公报》指出，截至 2011 年底，全国社会组织已达到 46.2 万个。随着非政府组织数量的日益递增，其在弥补市场与政府缺陷方面发挥了不可替代的作用。然而，当前我国非政府组织面临一系列人员管理问题，诸如人力资源不足、人员流动性大、人员老化等。同时，其内部缺乏系统的人力资源管理制度，导致岗、责、权混乱，由此带来的诸如运行乏力、效率低下、公信力缺失等问题致使非政府组织所倡导的目标无法实现。根据目前广为流传的战略人力资源管理理论，在现代社会，人力资源是组织中最具能动性的资源，如何吸引优秀人才，如何使组织现有人力资源发挥更大的效用，促使组织战略目标实现，是每一个非政府组织领导者都必须认真考虑的现实问题。

一、我国非政府组织目前所面临的人力资源管理问题

相比西方发达国家，我国非政府组织的发展还很不成熟，其组织内部并没有形成完备的人力资源管理体系，极大地阻碍了我国非政府组织战略目标的实现。

（一）人员结构不合理

非政府组织的人力资源一般由有酬员工与志愿者两部分组成。有酬员工是指非政府组织内职位较固定并领取薪酬的长期工作人员，包括领导者、管理者等管理主体，也包括执行者等一般获酬员工。志愿者是根据组织使命与工作任务的需要招募而来为组织免费服务的人员。从有酬员工角度看，民政部民间组织服务中心曾做过统计，目前非政府组织专职人员约占 60%，退休和兼职人员约占 40%；在年龄结构方面，50 岁以上的专职人员比例数为 52%，30 － 50 岁则为 32%，30 岁以下的仅占 16%；而在学历结构方面，66% 的专职人员只具备大专以下学历。这反映出目前我国非政府组织人员在能力、素质以及资历上存在较大问题。

在有酬员工中，我国有相当多一部分非政府组织是通过获取自上而下的资源建立和发展起来的，它们或者由各级党政机构直接创办，或者本身就是从党政机构转变过来的，或者由原党政官员和与党政关系密切的人士所创办。在其专职人员中，有一部分人为原政府机构直接任命以及原政府机构退休人员。据清华大学非政府组织研究所调查，中国非政府组织的负责人有 49.2% 之前在行政部门任职，这使得非政府组织战略目标设立或多或少受到政府的牵制，缺乏应有的独立性，这是造成我国非政府组织行政依附性严重的原因之一。由于受到政府管理体制的影响，我国非政府组织内部的管理模式大多采用政府组织的行政命令形式。

（二）缺乏科学的人员选拔机制

“人尽其才，人事相宜”是目前组织人员招聘的基本原则，由于制度环境、组织性质、组织文化以及价值观与政府、企业的差异，非政府组织的人员选拔以及构成存在较大差异。

我国非政府组织志愿者占有较大比重，然而目前存在的问题是，绝大多数非政府组织没有系统科学的人员招聘机制，在招募志愿者的过程中，通常来者不拒，采用的是“广撒网”的招聘方法，从而带来以下三个问题：一是人员数量庞大，管理困难。由于非政府组织的非营利性特点，其财政来源主要依靠社会赞助与政府扶持，除支付组织内部雇员薪酬以及项目建设外，用于人员管理的资金极其有限，进而使志愿者管理流于形式，给组织目标实现造成负面影响。二是难以招聘到适合人选，专业人才缺乏。不同的人加入非政府组织有着不同的动机，由于缺乏有效的人才选拔机制，人才招聘随意性大，对人员知识、能

力、特质以及入职动机的认识了解不足，招聘的人员根本无法满足非政府组织提供优质公共产品与公共服务的需要。三是人员流动性大。目前很多非政府组织只是针对项目招募志愿者，在某个项目完成以后，志愿者的工作也就完成了，没有形成系统的人力资源储备机制，致使很多志愿者完成工作后不得不另寻他路，人员流动性大，不利于人才专业化培养。

（三）绩效考核执行不力

从企业与非政府组织的比较中可以看到，与营利性企业不同，非政府组织具有典型的非营利性、公益性以及志愿性特征。从考核动机上看，许多非政府组织领导者认为，参与非政府组织的人员，尤其是绝大多数志愿者，他们的入职动机是为社会服务，“做好事”，因此没有必要对员工实行绩效考核。因为如果有绩效考核，出于对组织自身的保护、对组织尊严的维护，很多组织领导者会想方设法干预绩效考核，或者在制定绩效考核指标过程中采用模糊不清的指标，致使绩效考核流于形式。从财政上看，我国非政府组织由于其非营利性与公益性特征，其本身可支配的资金有限。尽管近年来我国学者及研究人员针对非政府组织的特殊情况，在借鉴国内外经验教训的基础上提出了颇有建设性的非政府组织绩效考核政策建议，诸如“六维棱柱”绩效评估模型（Six Dimensions Prism）、“APC”绩效评估理论、平衡计分卡绩效评估模型（BSC）等，但由于资金有限，绩效考核往往没有落到实处。从绩效考核指标上看，企业的一切活动都是以营利为出发点，它往往以能够量化的实际产出诸如计件、计时效率以及利润为绩效考核标准，考核指标直观，具有很强的客观性、准确性。而非政府组织以实现社会使命为其存在准则，考核指标设计难度大。我国现有的非政府组织的绩效评估都是在沿用原有的评估基础上进行的，因此指标体系设计主观性强、不科学、不全面；以定性的描述为主，缺乏指标的进一步细化和量化；侧重经济指标，非货币性指标，如满意度、社会认同度、学习能力、创新能力等强调其社会使命的指标难以包含在内。

（四）缺乏有效的激励机制

根据现代管理的基本原理，工作绩效是能力与其工作积极性的乘积的函数，因此，激发个体积极性应当是目前摆在任一组织面前的重要任务。20世纪50年代兴起的内容型激励理论指出，人类的活动具有目的性，需要决定动机，动机决定行为，而需要是动机的源泉，组织应通过各种手段满足个人的需要，影响个人的动机，从而激发个人为组织工作的积极性。人们加入非政府组织正是为了获得个人需要的满足，这些需要包括获得合理的薪酬、取得社会认可、履行社会责任、实现社会理想。

然而，目前我国非政府组织在满足这些需求上并没有得到真正的体现，主要表现在：薪酬水平总体较低。据2010年《中国公益人才发展现状及需求调研报告》显示，非政府组织从业者薪资收入在5000元以下的约占90%，2000—3000元段最为集中，无固定收人和月薪在1000元以下的占18.4%。很多人认为非政府组织从业人员具有较强的奉献精神，因此，薪资对于他们来说意义不大。然而根据马斯洛需要层次理论可知，物质需要是人类最基本的需要，是维持个体生存以及社会需要、自我实现需要等高层次需要的基础，当前社会是以市场经济为主体的利益导向社会，如果连最基本的物质需要无法满足，员工的工作积极性将会逐渐消退。

二、我国非政府组织人力资源管理对策

高绩效、高产出是任何类型组织所追求的两大基本目标，根据目前广泛流行的现代人力资源管理理论，人的问题始终是各种战略问题中的核心。如何有效地利用本组织人力资源，充分发挥好人力资源的能动性与高增值性，对于实现非政府组织战略目标、提升其提供公共产品与服务的能力，具有广泛的现实意义。

（一）加大政府扶持力度

我国非政府组织是改革开放以来经济、行政体制改革以及政府职能转变过程中以不同领域为基础发展起来的，具有较强的专业性与针对性，能够更有效地提供政府无法提供的公共产品与服务。同时，由于非政府组织所具有的民间性，使其与基层人民联系比较紧密，因而能够处理好政府因人员不足、专业性不强而无法处理或处理不好的事务。因此，首先，政府要转变观念，深化认识，重视非政府组织在提供公共产品与公共服务方面的特殊作用，加大财政转移支付力度。要将非政府组织培育发展资金列入财政预算，设立非政府组织发展基金，建立公共财政对非政府组织的资助和奖励机制，扩大税收优惠种类和范围，彻底解决非政府组织人力资源管理资金投入短缺问题，为非政府组织发展创造宽松的经济环境。其次，积极探索建立有效的合作、引导机制。可以采用公开招标、政府购买公共服务等方式。一方面，可以拓宽非政府组织的资金来源渠道；另一方面，通过政府招标、购买，引导同行业非政府组织展开合理竞争，促进非政府组织内部各项机制的不断改进与完善。

（二）建立健全人员选拔机制，改善人员结构

是否拥有一支专业化、高素质的人才队伍，对非政府组织提供优质的公共产品与服务、履行社会使命具有决定性的现实意义。第一，转变认识，树立人才观念。要认识到人才在实现非政府组织目标、完成社会使命方面的关键性作用，制定科学合理的人才发展战略。第二，建立规范的人员选拔标准。由于非政府组织的自发性、志愿性、非营利性以及公益性特征，对人员的选拔应当具有特殊要求。在对组织岗位、人员规划进行深入分析的基础上，按照人岗匹配原则选拔人员，明确招聘程序，除运用笔试考查应聘者是否符合组织岗位的能力素质外，在面试过程中要重点考查其是否具有利他主义精神，是否具有崇高的社会理想。可运用非结构化面试、情景模拟面试，同时结合人格测试等方法考察应聘者的入

职动机。第三，建立与高校的人才联动机制。非政府组织在人员选拔过程中，可以利用其公益性积极深入高校。一方面，在校大学生普遍接受过良好的教育，思想觉悟高，且年轻、专业性强，富有创造力；另一方面，在招聘过程中，可以扩大非政府组织在高校的知名度，有利于后续人才的储备。

（三）规范绩效考核

由于非政府组织涉及同政府、捐款人、提供产品和服务的对象以及成员等多方面的利益关系，因此，对非政府组织的营运进行绩效评估就显得极其重要。首先，领导者及其下属要转变观念，重视绩效考核。其必要性在于：其一，绩效考核实际上是一种组织控制，无论是什么样的组织，由于内外部因素的影响，其在运行过程中难免出现偏差，这就需要绩效考核及时发现运行过程中存在的问题，从而采取纠偏措施，避免失误。其二，由于员工在能力、素质以及入职动机上存在个体差异，在完成组织任务上也有好坏之分，通过绩效考核，对于完成任务好的员工，给予各种形式的奖励，达到激发员工积极性的作用；对于完成任务相对较差的员工，能够及时发现其不足，帮助其改进、成长。其三，建立科学的绩效考核指标体系与方法。在非政府组织中，由于其非营利性、公益性的特点，员工的绩效很难以量化的方式进行考核，因此，笔者认为应当围绕员工行为建立绩效考核体系，可以借鉴企业在绩效考核中所使用的行为导向的客观考评方法。该方法的典型代表主要有四类：关键事件法、行为锚定等级评价法（BARS）、行为观察法、加权选择量表法。这些方法的共同点是运用各种技术列举员工工作行为，然后对员工在多大程度上体现出这些行为做出定性或定量的评价，具有较高的信度与效度。

（四）建立科学有效的人员激励机制

美国哈佛大学的詹姆斯教授在多年研究的基础上指出，如果没有激励，一个人的能力发挥将仅为 20% ~ 30%；如果施以适当的激励，将通过自身努力使能力发挥出 80% — 90%。目前我国非政府组织运行乏力、效率低下、人员流动性大、积极性不高等问题与其缺乏科学有效的激励机制存在密切的关系。因此，建立非政府组织人员激励机制显得尤为必要。

首先，政府要加快有关非政府组织登记制度的规范化。由于法律、制度等方面的原因，我国非政府组织注册登记十分烦琐，行政许可门槛过高，致使大量非政府组织影响力不足，这些组织往往被学者称为“草根”组织。因此，加快非政府组织立法工作，规范登记注册程序，对于扩大非政府组织影响力具有很强的现实意义。

其次，建立合理的分类激励制度。赫兹伯格的“双因素理论”认为，不满意的对立面并不是满意，消除工作中的不满意因素并不必然带来满意。该理论把那些用来消除带来工作不满意却不一定有激励作用的因素称为“保健因素”，而把做到了便能达到激励下属目的的因素称为“激励因素”。由于非政府组织人员构成主要分为有酬员工与志愿者，这两类人由于其入职动机的差异，在激励方式上应当有所区别。对于有酬员工，组织应当建立起合理的薪酬体系，保证其基本的物质需要，即激发其积极性的“激励因素”，在此基础上创新组织结构，保证其社交、安全需要。而志愿者，更关注实现社会理想与自我价值，因此，可以采取诸如培育积极奉献的组织文化、颁发有效的工作证明与证书、在政府引导下与赞助商一道组织富有积极意义的文化活动、巡演义演以及以非政府组织名义向政府部门推举优秀人员如劳动模范、爱心模范等激励举措。

第三章　人力资本提升

第一节　替代效应下的人力资本

在辩证视角下来考察替代效应，其在一定范畴内仍具有内在的启示性，如随着企业资本有机构成的提高，单位劳动力所推动的资本量将显著增大，这本身就反映出替代效应。因此，企业需要在替代效应下增强对人力资本的管理。

在新古典经济学的长期生产函数 Q=f（L，K）中，由于可以同时调整劳动要素（L）和资本要素（K）的量来决定产量（Q），所以 L 与 K 之间可以相互替代，二者相互形成了替代效应。反观新古典经济学的以上结论可知，其将劳动要素与资本要素并列，忽略了劳动要素所依附于劳动力的主体性特征，进而给人们一种错觉：资本要素将逐渐替代劳动要素，最终人力资本的使用价值将趋于下降。若是采纳这种观点，将严重影响我国国企改革策略，同时将制约国企提升职工人力资本存量的努力程度。

一、替代效应产生的根源

以国企为考察对象，替代效应产生的根源可归纳如下：

（一）根源于产能结构优化的需要

我们需要在历史视域下来理解替代效应的产生根源，这就需要在转变经济发展方式时引入供给侧结构性改革背景。在供给侧结构性改革背景下，国企面临着优化产能结构的需要，产能结构的优化途径可以为技术改造和固定资产重置，而这些都要求对国企的技术组织形态进行调整。由此，K 替代 L 成了趋势。

（二）根源于实现规模经济的需要

规模经济效应所产生的企业优势在于：（1）能够降低单位生产成本，进而为企业的价格竞争提供坚实的保证；（2）能够节约对生产资料的使用，从而提升企业的成本控制绩效。机器设备能够适应大规模生产的技术要求，而且以智能化为特征的机器设备能够显著提升生产精度。由此，替代效应得以产生。

（三）根源于全面质量管理的需要

全面质量管理构成了现代企业经营管理的重要组成内容，“全面”主要反映在全员参与质量管理和全过程开展质量管理。随着信息化技术广泛应用于国企，无论是国企内部的生产流程还是外包业务，都将以模块化、流程化的形态体现出来，而这本身就需要以智能化机器设备为技术支撑。

二、替代效应对人力资本的影响

尽管客观存在替代效应，但国企发展仍须以人力资源发展为内驱动力。为了更好地开展人力资源管理，需要从以下两方面做出影响力分析。

（一）对人力资本的结构产生影响

人力资本结构植根于国企资本有机构成的技术结构，作为“总体工人”的人力资本，随着国企机器设备智能化水平的提高，以及由此所带来的技术组织形态的演变，知识型职工队伍将成为国企职工队伍的主体。同时，社会网络化分工所催生出的业务外包形式，也将促进国企职工队伍建设走向专业化和知识化的道路。

（二）对人力资本的性状产生影响

马克思在《资本论》第一卷中就已指出，随着机器大工业替代工场手工业，妇女、儿童也被卷入资本的雇用关系之中。抛去制度差异性问题，随着国企机器设备的智能化和信息化水平的提高，女性职工也可以从事传统上由男性职工所从事的生产岗位，这就对企业的人力资本性状产生了影响。由此，如何提高女性职工的劳动地位并发挥她们的劳动优势成为人力资本管理的重要议题。

三、提升人力资本地位的策略

（一）在企业内部培育学习型文化氛围

我们应该抛弃新古典经济学范式下将劳动要素与资本要素对等看待的误区，在马克思主义经济学视域下强调劳动力主体性的发挥。为了塑造企业职工重视提升岗位能力的思想意识，在企业内部需要培育出学习型文化氛围。根据企业文化建设的一般路径，首先应设置对业务钻研先进代表的奖励制度；其次构建科层化的业务学习制度，并利用移动互联技术为职工搭建业务交流平台；最后在重要时间节点（如劳动节）开展鼓励学习的仪式性活动。

（二）以维护女性职工劳动权益为激励

女性职工在岗位工作中有自身的优势，而且随着“互联网＋制造业”在国企中的陆续推行，女性的工作优势将进一步助力企业的发展。因此，人力资源部门应联合企业工会组织、妇联组织维护女性职工的劳动权益，如接受在岗培训的权益、接受学历提升的权益，并在岗位分配上充分考虑女性职工的诉求。这样一来，便能对女性职工产生一种激励效应，增强其提升自身人力资本存量的主观意愿。

（三）突出技术创新降低组织变革阻力

资本要素替代劳动要素的途径主要由技术创新和固定资产重置来体现，但在选择途径时不仅需要考虑企业的资金约束情况，还需要考虑技术组织形态演变对职工队伍稳定性的影响。笔者建议，应突出技术创新来降低组织的变革阻力，使得职工能够在相对稳定的企业环境中持续提升自己的人力资本存量。

所以需要在替代效应下增强对人力资本的管理。提升人力资本地位的策略可围绕在企业内部培育学习型文化氛围、以维护女性职工劳动权益为激励、突出技术创新降低组织变革阻力三方面来构建。

第二节　人力资本异质性

随着社会经济的不断发展，物质资本不再那么匮乏，已经能够逐渐满足社会和人们的日常生活需求。随着时代的发展和进步，人力资本开始在社会经济中占据主流地位，并已经逐步取代物质资本，成为社会经济市场中企业间竞争的关键因素。社会对于人力资本的了解和认可也在不断地加强和深入，企事业单位互相激烈地竞争优秀的人力资本。而人力资本最为重要的一个特性就是异质性，人力资本的异质性使其超越物质资本成为社会经济的主流影响因素。

随着社会市场经济不断繁荣发展，人力资本开始逐渐受到社会大众以及企事业单位的重视，物质资本和人力资本在市场经济中的地位也发生了翻天覆地的变化。如果企业只有物质资本，没有足够优秀的人力资本来合理有效地运营，就会造成物质资本的流失；如果企业拥有优秀的人力资本，就算目前暂时还没有充足的物质资本，日后也会逐渐吸引物质资本的投资。由此可知，人力资本正逐渐发展为推动社会经济发展的主流竞争因素。而决定这一现象的关键因素就是人力资本的异质性特质，本节将针对人力资本的异质性内容展开简要论述。

一、人力资本异质性的发展历史和现状

（一）人力资本的发展历史

20世纪60年代，西奥多·W.舒尔茨为解决里昂惕夫之谜，提出了人力资本的理论：经济发展主要由人的质量决定，而非自然最初禀赋或资本的多寡。但他最终没有通过实证分析来证明人力资本理论。说到人力资本，首先不得不提的是人力资源与人才。人力资源是一个非常笼统的概念，是劳动力的源头。个体人力资源只有进入一个市场的合约后，才能把它作为人才进行阐释。对于市场上的企业来说，只有对该企业的运营产生积极影响的人才才能作为人才。从宏观上讲，人力资源简单表现个体劳动力的使用价值，是为了初级的劳动力简单再生产的投资所得的使用价值。人力资本则展示个体劳动力的当前价值，是使其扩大再生产的投资所形成的价值。在当代，选用适当的标杆衡量人力资本正是为了更好地比较、选择与激励适合其发展的人才。

后来的专家学者们通过把人力资本中人的不同特性进行归纳、总结，作为量化的标杆——人力资本异质性，来衡量人力资本，使得人力资本的理论得以大跨步前行。人力资本异质性伴随着人力资本的发展而发展，回首人力资本的思想起源和发展过程，可以了解到人类社会对于人力资本的了解和认识的过程并没有那么顺利。从职业人口的财富价值到熟能生巧的交换价值，从改造世界的精神力量到工具价值的人伦争议，从推动社会变革的政治力量到实现生产力提升的经济动力，从劳动创造价值到劳动能力亦被赋予资本价值，人力资本概念及相关理论最终才得以真正确立并获得较快发展。

（二）当代异质性人力资本发展

随着社会经济的不断发展，人力资本和物质资本在市场中的地位以及角色逐渐发生变化，异质性不仅凸显在人力资本与物质资本之间，不同行业之间不同类型的人力资本也存在异质性特征。由于人力资本的异质性，市场经济对于人力资本的投资也存在差异，正是这些投资差异形成了市场经济竞争模式，逐渐推进经济的发展。为了形成更加合理的经济竞争和增长模式，需要对人力资源的投资配置进行合理的规划和设置，积极引导正确的人力资源投资。这不仅是企业能够在市场中成功经营并营利的关键，也是人力资源异质性分析研究中的重难点。

二、对于人力资本异质性的简要论述

（一）人力资本异质性概念及意义分析

人力资本异质性的基本概念和意义是指，人力资本相对于物质资本来说有内容、特性等差异，或者是市场上相同行业中的不同的人力资本之间存在的质量、数量以及类型等存在的差异。人力资本的异质性最后反映在实际生产中就是相关的人力资本投资形成差异，通过市场经济的作用，最终具体地反映在成本投资与成果回报这两个方面，并且形成一定程度的投资收益率差异，也是这种差异，最终形成经济竞争，从而推动市场经济向前发展。

人力资本由于个体特质、类型不同而存在的异质性是形成人力资本投资差异的主要原因，也是企业通过提高投资收益差异率来获得盈利的主要方式。企业在进行人力资本总量模型运算时，往往会忽略人力资本形成过程中的时间要素的作用，因此，对于人力资本总量的判断以及人力资本所能形成价值增资的判断就会存在很大的偏差。人力资本在形成过程中投入的时间因素有下述特点：首先，无论是经济社会中的企业还是个人，实际能够具体投入的时间是有限的，并不能无限制地投入。其次，在形成人力资本的过程中需要投入时间因素的作用，除此之外，也需要提供一定程度的物质资本的支持，而且为了使人力资本价值最大化，在形成人力资本过程中投入的时间总量和物质资本需要形成一定的函数配比关系，仅仅单纯地无限度加大时间投入或者物质资本的投入并不能够增加人力资本价值。

（二）人力资本的重要性分析

社会生产和社会经济中最为重要的就是人的作用，人作为社会生产力的第一要素，对社会经济起着极大的推动革新作用。相对于物质资本来说，人力资本有着异质性特质，z正是这一特质决定了人力资本的可持续发展特性，企业通过对人力资本的合理有效投资，可以实现长期获利，并且能给企业创造高利率的收益空间。

在现实生活中，人力资本的异质性成功使得人力资本成推动社会经济进步，带动整个社会实现更高更远发展的主要推动力量。随着庆祝改革开放40周年大会的成功召开，大会对一些民营企业进行表彰，这充分表明了社会民营企业逐渐在市场经济中占据半壁江山。而推动民营企业发展的最重要力量就是人力资本，异质性人力资本能够为企业带来无限的可持续发展的巨大经济价值。

人力资本是目前社会经济中最有利的竞争优势，只要拥有足够优秀的人力资本，那么企业在社会市场经济中就占据有利地位，形成这种现象的主要原因是人力资本的异质性这一特质。人力资源的异质性是指优秀人才的专业知识扎实、操作技能熟练、工作经验丰富，但在社会经济市场上专业型的人才储备并不多，如果企业能够拥有这样的知识型人才，就能够在人力资源方面比相同行业的竞争对手更有优势，形成一种绝对的异质性优势。

三、人力资本异质性基本特征

异质性人力资本不同于同质性人力资本，主要有以下几个基本特征。

首先，异质性人力资本存在收益差异性。这是一个存在于异质性人力资本内部的规则性特征，大致意思是说，由于不同类型人力资本的构成要素和特性不同，其吸引的投资也存在差异，最终形成的投资收益的大小也不只跟投入的资金有关，更大程度上是由人力资本的异质性决定的，换句话说，就是实际投入的资金数额很有可能最终并不能够获得同等价值的收益回报。

其次，异质性人力资本的不可替代性。人力资本是由各个特性不同的个体组成的，这是人力资本区别于物质资本的最大不同之处，因此，异质性人力资本与物质资本不能进行相互转换和替代。由于异质性人力资本的不可替代性，因此在形成人力资本的过程中也存在差异，并最终直观地反映在投资收益率上。

最后，异质性人力资本有着结构多样性和价值独立性的特点。异质性人力资本拥有各种不同类型的外在表现形式和形态，一般情况下可以分为普通人力资本、管理型人力资本、专业技术型人力资本、企业家人力资本或者分为专用型人力资本、通用型人力资本。在研究层面上开始将企业的不同生命周期纳入考虑范围，将企业家人力资本细分为动力性人力资本、效率性人力资本和交易性人力资本，在人力资本的投资和开发基础上加入企业家社会资本、员工心理资本、信息资本等变量进行实证研究。根据分类类别也能简单判断各自类型异质性人力资本的特点。普通人力资本就是一般能够从事简单生产工作的类型。管理型人力资本就是那些拥有一定管理能力和经验的管理型人才。专业技术型人力资本就是能够进行某项特定技术和工艺的类型人才；而企业家人力资本就是有决断头脑，能够发挥领导能力的企业家人力资本。由于异质性人力资本的类别不同，组成人力资本的个体特性也存在差异，因此，异质性人力资本能够创造的价值也有差异，这种差异是人力资本个体本身的特异性造成的，可以简单概括为异质性人力资本的价值独立性。

通过对异质性人力资本的简单论述，我们深入了解了人力资本不同类别之间存在的差异，为实现更好的社会经济发展提供了理论基础。

第三节 人力资本投资的重要性

人力资本是企业的重要非物质资本，在企业生产经营管理中发挥重要的作用。本节将分析企业人力资本与人力资本投资的相关理论及其投资现状，探索企业人力资本投资的改善途径，为企业进行人力资本投资提供参考。

人力资源是影响企业核心竞争力的重要因素，合理有效的企业人力资本投资，对企业的生存与发展具有重要意义。目前，我国人力资本市场发展还不够成熟，企业对人力资本投资的重视程度较低，迫切需要重新认识企业人力资本投资的重要性，掌握提高投资收益的方法和途径，真正发挥人力资本的价值。

一、人力资本投资的相关概述

（一）企业人力资本投资

从企业人力资源上看，只有通过企业投资，才能形成企业资本。企业对人力资源不具有所有权，但根据契约关系，企业对人力资源具有使用权。企业人力资本投资是维持人力资源持续在企业内工作、提升其个体才能、提高组织效能、实现企业经济利益与社会效益最大化的一系列活动。从特征上看，企业人力资本投资具有独特性、实用性、多样性、灵活性、复杂性以及长期性，其投资内容偏重于可以直接解决实际问题的技能的提升，包括恰当的激励手段、员工培训等多种形式，且在培训时，通常要考虑投资对象的专业背景、文化水平、学习态度、性格特征等多种因素，与物质资本短期回报相比，人力资本投资回收期较长，不一定能立即转化为生产能力。从企业人力资本投资成本构成上看，主要包括取得成本、维持成本、开发成本等，在进行投资时，应进行科学的分析和衡量，确保投资收益的实现。

（二）企业人力资本投资的重要意义

首先，企业人力资本投资是形成企业核心竞争力的关键，员工只有提高专业知识和技能，具有较高的创造能力及环境适应能力，才能提高企业的创新能力和应变能力，形成企业的内在优势。其次，企业人力资本投资直接关系到企业的技术进步。随着国际竞争的日益激烈，技术进步在经济增长中的巨大价值充分体现，在 20 世纪八九十年代，发达国家 70% 以上的 GDP 增长都是技术进步带来的。在这方面，我国与发达国家还存在较大差距，但比重也达到了 25%。人才是各项研究与开发的主体，是技术进步的源泉。此外，人力资本投资也是提高企业人力资本素质的重要手段，能够提高企业的劳动生产率。有调查显示，以文盲作为基准，小学毕业生能够提高 43% 劳动生产率，初中毕业生能提高 108%，大学毕业生能提高 300%。获取收益是企业进行任何资本投资活动的根本目的，而对人力资本的投资，与物质资本相结合，能够实现投资效益。从整体上看，我国企业对人力资本投资的重要性认识还不足，缺乏科学的人力资本投资分析，不利于管理水平的提高。

二、企业人力资本投资现状及问题分析

（一）企业人力资本投资面临压力较大

企业在进行人力资本投资时，会面临较多的压力。一方面，我国当前的教育体制及投资水平决定了人力资本存量有限，尤其是在以往计划经济体制时期，人力资本的配置和使用基本由政府决定，投资收益法并不适用，这抑制了社会办学的积极性，导致我国人力资本总量不足。在教育供给困难的情况下，由于其与市场需求适应性较差，出现了严重短缺和大量浪费并存的现象。随着教育体制改革的深入，我国教育水平有了极大的提高，但必须认识到，从整体上看，劳动力素质较低、高素质人才不足仍然是制约我国经济发展的重要原因。另一方面，劳动者素质与经济发展需求不匹配，且缺乏健全的职业培训和终身教育体系，普通教育、职业教育、岗位教育相互割裂，教育资源整合及共享力度较低，教育资源的公益化程度不高。

（二）人力资本投资不足且流失严重

部分企业对人力资本投资缺乏认识，这不利于人力资本的增值。很多企业家还认为人力资本投资是社会行为，职业培训是一种“亏本买卖”，一些营利状况较差的企业，甚至已经停止了人力资本投资。而人员流失严重是企业不重视人力资本投资的后果，对于个体而言，部分高质量的人才已经开始认识到职业发展和自我提升的重要性，因此，更倾向于成长性较高的环境，从而形成了恶性循环。

（三）企业人力资本投资效率较低

部分企业已经认识到人力资本投资的重要性，但受宏观经济体制、企业效益较差、管理水平较低、缺乏完善的激励制度、人才高消费问题严重等影响，投资效率较低，最终导致企业人力资本投资滞后。其中，宏观经济体制因素主要包括收入分配体制缺陷以及人力资本流动性缺乏等。

三、企业人力资本投资改善途径

（一）明确人力资本投资重心，提高投资效率

提高人力资本投资效率，应以核心专长能力、知识创新能力、快速反应能力、精细服务能力、国际竞争能力投资为重点，注重不可替代、延伸性强的特殊核心能力培养，以适应现代高新技术发展的趋势和特征。同时，应转变企业传统经营管理观念和行为方式，重视知识创新和技术升级，建立竞争优势。为保持企业的快速反应能力，必须紧跟产品的个性化发展趋势，加强数字化进程，以精细服务为重点，立足全球化发展趋势，在产业结构

调整、市场结构变革中保持快速发展。

（二）强化人力资本投资意识，建立学习型企业

树立人力资本投资意识，真正将人才作为企业重要的人力资本，将增值和保值的理念融入企业人力资源管理中。建立学习型企业，营造良好的组织学习气氛，培养员工创造性思维能力，适应知识经济及信息化发展。组织员工进行内部学习、岗位培训，灵活运用脱产与半脱产形式。重视人力资本积累，遵循人力资本投资的客观规律，增强物质资本效能，推动技术进步及管理水平的提高。

（三）建立企业人力资本投资风险预警系统

了解企业人力资本投资的主体、客体及环境风险，并对风险进行评估，建立完善的企业人力资本投资风险预警系统，实现风险识别与警示、风险评估与控制。加强企业人力资本投资风险防范，包括相应的决策机制、激励机制、约束机制以及配套措施。合理有效的决策是确保投资收益的前提，在决策前，应分析外部环境变化趋势，了解企业人力资本投资需求，认真选择投资对象，灵活运用组合投资方式降低风险。有效的激励机制能够调动员工的积极性，为企业创造更高的效益，因此应采取薪金激励、股权激励、事业激励、福利激励、情感激励等多种形式。此外，还应加强法律约束、契约约束以及考核约束，加强企业文化建设。

企业人力资本投资是形成企业核心竞争力的关键，直接关系到企业的技术进步，也是提高企业人力资本素质的重要手段，对企业经济效益的实现至关重要。目前，我国企业人力资本投资还存在一定的不足，远远落后于发达国家，应明确人力资本投资重心，提高投资效率；强化人力资本投资意识，建立学习型企业；建立企业人力资本投资风险预警系统，改善企业人力资本投资现状，提高企业人力资源管理水平。

第四节　人力资本与企业制度

人力资本与人力资源是两个非常容易混淆的概念，其实二者是有区别的：后者通常指企业员工整体的劳动素质、生产技能和知识水平等，培养手段是不断招募优秀员工并对现有员工进行职业技能的教育和培训；而人力资本指的是劳动者投入企业中的知识、技术、创新概念和管理方法的总称。具体来说，人力资本仅包括企业中的两类人：一类是掌握核心技术的技术人员，另一类是具有企业家素质的经营者。这两类人的共同特点是作用突出且不可替代，也有学者认为他们的素质具有某种天生的特性，并非靠培养和培训而能得到。在现代经济中，人力资本对企业的影响越来越重要，有时甚至是决定性的。

在资本市场日益成熟的今天，企业要想不断发展、壮大，甚至最终取得垄断的市场地位，唯有依靠先进的技术。我们可以看到，世界知名的制造业企业无不拥有自己的核心技术，这些核心技术既是使自己获取超额利润的重要来源，也是阻止竞争对手进入该领域的有效手段。只有不断进行技术创新的企业才能领导市场的潮流，产品老化、技术落后的企业只能被市场淘汰，这已成为企业界和学术界公认的道理。而在现代经济中，技术越来越多地体现出“属人”的特性，即技术不再像以前那样仅仅凝结在企业物质资本（如生产设备）中，而是更多地储存在企业技术人员的头脑中。这时的技术人员已不仅是企业雇用的高素质劳动者，更是一个资本的载体，我们称之为人力资本。这种形式的人力资本已越来越为社会所重视，近年来，我国已经出台相关法律，允许技术成果拥有者将技术折价入股，成为公司的股东。

但是，对于一个企业来讲，仅有先进的技术是不够的，还必须有高素质的经营者来经营。企业的目的是向客户提供产品和服务，因此它的行为必然是市场导向的。只有市场需要的产品才是好产品。每个企业的经营者都有一定的营销和管理方面的经验和常识，也同样遵循趋利避害、量力而行等行为法则，但只有那些眼光锐利业、分析计算准确的经营者才能做出正确的决策，我们称这种高素质的经营者为企业家。

企业家的作用虽然看不见摸不着，但无疑是十分巨大的。改革开放以来，我国很多企业乃至一个地区的发展可能就靠一两个人的带领，人们通常冠之以“能人经济”。假如有同行业同区域同规模的两个厂，派两个能力差异很大的人分别担任厂长，其收益肯定是不一样的。对于多出来的那部分收益，我们既不能将其归之于资本，也不能归之于劳动，而只能归之于企业家的个人才能，我们同样称之为人力资本。

由核心技术人员和企业家构成的人力资本，不仅成为企业的一种新的生产要素而对企业的产出增长起到明显的作用，而且，由于它是一种人格化的资本形式，也给企业的制度安排带来了巨大的冲击和影响。

一、人力资本对企业产权制度构造的影响

在传统企业形式中，企业的产权是以企业成立时法定货币资产的出资为标志和起点的，即出资方依各自出资多少拥有企业产权，而经理、技术人员等只是资方的雇用劳动者，劳动者按工作量取得相应的报酬，并没有企业的产权，也没有对企业的收益权和处分权。在这种产权结构中，货币资本是主动方，而劳动力处于一种被动的、受支配的地位。但在人力资本出现并且作用日益凸显以后，企业不再是货币资本一统天下，人力资本开始拥有了部分产权，而且二者的关系发生了某种逆转，货币资本逐渐变为被动资本，而人力资本逐渐变为主动资本，企业的产权构造悄然地发生了变化。

相较西方发达国家，我国人力资本拥有产权的进程要慢得多。依前文所述，技术入股

刚刚开始尝试，且有很多的限制条件，而企业家以其经营才能折价入股还没有起步，这也是传统观念的偏见所致。我国传统的政治经济学理论向来重视具体劳动，轻视抽象劳动；重视体力劳动，轻视脑力劳动；重视生产性劳动，轻视经营性劳动。这些偏见在很大程度上左右了相关政策的制定，阻碍了人力资本取得产权的进程。

人力资本价值得不到承认的后果是拥有人力资本的人缺乏动力为企业工作，企业凝聚力下降，甚至造成人力资本流失。国有企业受传统观念影响最深，因此，人力资本流失问题也最为严重。国有企业产权结构调整的关键是处理好货币资本和人力资本的关系，要改变以往那些只有实物资产才能拥有产权的条规限制，允许运用资产的人尤其是企业家和高级技术人员以其自身的人力资本折作股份，拥有一部分的产权。

二、人力资本对企业法人治理结构的影响

公司的法人治理结构是现代企业特有的运行机制，其特点是权力的分立与制衡、决策的科学与民主，它是与企业的产权结构紧密相连的。既然人力资本的形成对企业产权结构产生了冲击，这一影响就必然延及企业的法人治理结构。公司治理的基本要义是解决经营者与所有者之间的关系问题，简单地来理解，就是董事长与总经理的分离，总经理负责企业的经营运作，董事长对总经理进行监督并决定公司的重大战略决策。人力资本形成以后，这一点逐渐发生了变化。无论在理论还是实践上，都不再强调董事长与总经理职能的截然分离，这说明在现代公司治理结构中已开始重视人力资本，而不再强调所有者对企业的控制。

独立董事（又称外部董事）制度也是一个新兴的事物。独立董事既不代表出资人，也不代表经理层，其成员往往是经济或法律方面的专家，职责是对企业进行监督并对公司的战略、运作等重大问题做出自己独立的判断。独立董事们能利用其专业知识和经验为公司的发展提供各种建议，为董事会的决策提供参考意见，从而有利于公司提高决策水平，改善经营绩效。独立董事的另一个作用是监督，对董事会和 CEO 的权力进行制衡，避免企业被大股东和内部人员控制。独立董事本身也是人力资本参与公司治理的一种形式。实证研究表明，具有积极的独立董事的公司比不设独立董事的公司的运作更为成功。

三、人力资本对企业文化的影响

人力资本对企业的产权结构和法人治理结构都产生了巨大的影响，因此企业文化必然发生相应的变化。企业的整体价值观念必须进行调整，以维系人力资本在企业中举足轻重的地位。具体而言，人力资本对企业文化的影响包括以下五方面。

（一）强调协作和团队精神

科学技术的不断发展、经营才能的专业化，以及市场环境的日益复杂化，使得管理者往往领导的是比自己更专业的下属，管理的是自己并不熟悉的领域，不同的岗位人员具有很强的不可替代性。因此，传统的“胡萝卜加大棒”式的命令与控制手段已经落伍，必须充分尊重雇员的个人价值，给他们创造一个相对宽松的工作环境。企业管理目标的实现，也不再主要依靠指派和命令，而更多地依赖成员间的配合和协作。由于人力资本具有较多的“属人”特性，雇员的情绪和精神状态对人力资本的生产率影响很大，因此企业必须致力于培养“团队精神”，使每个成员找到自己的归属感、使命感，相互理解、相互协作。

（二）强调个人之间的能力差异很大

新的企业理论认为，人与人之间不仅存在能力上的差异，而且这种差异的幅度可能很大，正是能力的差异导致了人们分工的不同，进而导致对企业贡献的不同。一个公司的清洁工大概不会比其老总具有更高的素质，因此，老总就是老总，清洁工就是清洁工，他们的岗位差别已由其能力差别而决定。这与我们传统的观念恰好相反，我们一直认为人与人之间不存在能力差异，每个人的贡献大小仅是由分工决定的，因此把个人视为螺丝钉，拧到哪里就在哪里出力。与之相对应的是岗位与能力的不相匹配，经营能力较差的人可能成为厂长或经理，而真正的企业家可能只有很低的职位，这样的安排是缺乏效率的，也导致了高级人才的大量流失。这种状况不扭转，企业的效益就很难提高。

（三）强调人们收益方式的不同

员工间的能力差异很大，使得他们对企业的贡献大小、贡献方式都是不同的，因此其收益方式也是不同的。对于一般雇员来说，仅根据其劳动量和契约获得劳动收益，而人力资本不仅要获得劳动收益，而且要获得相应的产权收益。产权收益的大小以其自身价值折价入股来计算，这也是国有企业中长期存在的一个问题。国有企业中奉行严格的“按劳分配”原则，对于技术人员的特殊技术才能、对于企业家的经营才能始终视而不见，只承认他们的劳动收益，而不承认他们的产权收益，后果是企业的经营者往往想方设法扩大“在职消费”，铺张浪费、吃回扣、出卖企业技术机密等现象十分普遍，这些行为给企业带来的损失，远比承认人力资本价值而分配给他们的产权收益的部分要大。

（四）强调个人之间收益差距很大

个人能力的不同，收益方式的不同，都会导致收益大小的不同。其差距之大，有时可能超出我们的想象。亚洲的工资差别（最高工资与最低工资的比值）是 700 倍，美国是 1300 倍。人力资本必须得到相应的报酬，如果报酬不足以补偿它的损耗，或是不足以体现它的价值，那么，技术人员就没有动力去进行技术创新，企业家也没有动力全身心地投入经营活动。当然，报酬的方式是多种多样的，美国收入最高的经理拿到的并不是现金，很大部分是公司的股权价值，这一点很值得我们借鉴。

（五）强调企业讲求效率不讲求公平

企业注定是要以利润为最终目的的。在企业中，衡量一切人力和物力贡献大小的标准，不是其自身价值的大小，而是其对于企业利润产生的作用。清洁工和企业老总同样是一天工作 8 个小时，甚至前者比后者出的力更大、受的累更多，但薪酬只是后者的百分之一甚至千分之一。这或许有些残酷，但在企业中只能如此，只有讲求效率才能在激烈的市场竞争中站住脚，才能为股东赢得更多的利润。至于公平，是社会的目标。政府通过向高收入者征收累进制的所得税和强制推行社会保障制度来控制贫富差距的过于扩大，维护社会的公平。企业是企业，社会是社会，二者的功能和目标定位决不能错位。

第五节　人力资本代际转移的城乡差异

目前，我国城乡差异两极化矛盾依旧没能得到很好的解决，处于社会转型期的中国，在农村有“二代农民工”，在城市则出现“富二代”“官二代”等现象。这些现象的存在与人力资本代际转移密不可分。目前我国对人力资本代际转移理论的研究依旧不够深入，更多的关注集中在贫富差距、收入差距等变量上，未能真正深入去研究造成两极化严重的内生因素，即人力资本本身存在的差异性，以及由于人力资本本身的差异导致的在代际之间转移效果的不同等。本节通过对比分析影响城乡间人力资本在代际转移过程中的不同因素，试图观察这些因素在代际转移过程中对人力资本形成过程产生的作用的大小，通过取长补短，促进城乡人力资本质量的共同增长。本节具体分为四个部分：第一部分论述现有研究成果；第二部分分析农村人力资本代际转移的影响因素；第三部分分析城市人力资本代际转移的影响因素；第四为结论部分，总结差异原因的同时提出政策建议。

自 1978 年改革开放以来，我国经济进入一个新时期。在过去的 40 多年中，中国经济平稳高速增长，目前已经成为世界第二大经济体，并已于 2020 年全面建成小康社会。但是由于政策导向导致区域发展失衡，致使农村与城镇形成巨大差距，形成了一种人力资本结构性失调的局面。尽管在近 20 年间，我国人口文盲率由 15.9% 降低到 4.1%，可谓取得了突飞猛进的进展，但就我国内部结构而言，农村与城市两个层次的人力资本质量却存在巨大差距。这种差异直接导致了一系列关于群体性的公平问题，对于新时期我国实现更高质量的发展提出了严峻的挑战。

城乡的这种资源分配不公，导致城乡间人力资本产生明显差距，这种不公主要包括教育、医疗以及就业机会等方面。城市人口占据好的教育资源，农村的医疗条件也远远不及城市，在农村低效的生产方式下，就业机会也很少。长此以往，好的资源将源源不断地流入城市，城市人力资本将越来越高，而农村则恰好相反，致使农村人力资本始终得不到提高，甚至子代也将延续这种不公而导致人力资本质量低下，使城乡之间的差距不断拉大，对我国的发展造成很大障碍。国家政策方针围绕宪法制定，着力打造一个公平公正的社会。而解决城乡人力资本质量的差异，对于打造一个公平公正的社会具有重要意义，将有利于社会的和谐发展，提升人民的幸福感和满意度。

我国是人力资源大国，人力资本是经济增长的一大动因，虽然我国人力资本代际转移的研究起步比较晚，但是对人力资本的研究深受广大学者的青睐。笔者通过浏览中国知网，阅览了有关论文并查阅了相关图书文献，对本节的撰写有很大帮助。

卢晓东《基础教育中的城乡差异是否在大学延续——高校城乡学生学业表现差异的实证研究》深入对比分析了城乡大学生对学业的完成情况、在校表现情况，提出城乡大学生间存在着明显的差异，为本节的撰写提供了依据。

李德煌《人力资本对中国经济增长的影响——基于扩展 Solow 模型的研究》论述了人力资本在经济增长中的重要性及对人力资本投资的重要性，对本节的撰写起到了理论借鉴作用。

杨莉《城市弱势群体代际转移现象中的家庭教育问题》论述了城市弱势群体中影响代际转移的因素，对本节的写作有借鉴意义。

罗伯特·卢卡斯《经济增长机制》中提出的人力资本代际转移的动机为本节写作的理论依据做了铺垫。

贝克尔的《人力资本投资》提出了人力资本是经济发展动力，对本节的写作提供了理论上的借鉴意义。

本节首先提出了对乡镇人力资本代际转移的影响因素，又具体分为家庭的内因以及来自外界社会环境的外因；其次又分析了影响城市人力资本代际转移的影响因素，同样分为内因及外因；最后分别通过城乡两个群体的内因和外因的对比，得出影响城乡间人力资本代际转移的因素。

本节通过分析相关文献中的理论，以其著作中提出的相关理论为依据，综合我国农村及城市的相关现状，以理论为骨，以现状为体，分析诸如收入、教育水平等相关因素在城乡间对人力资本代际转移产生的影响；通过实地访谈，深入调查乡村文化风俗及社会风气，对比发现，乡镇社会风气以及文化风俗对人口的代际转移产生的阻碍效果明显。通过国家统计局的相关数据，定量分析了城乡收入的差异对人力资本代际转移产生的影响，分析了城乡对医疗卫生的投入差距导致的人口寿命长短的差异。

一、人力资本代际转移研究的现状

人力资本代际转移理论最早于1960年，由诺贝尔奖获得者西奥多·W·舒尔茨，在美国经济协会年会上发表的《人力资本投资》的演说中提出，他发现人力资本投资对当今经济增长起到了重要作用，解决了第二次世界大战后经济领域上存在的“经济增长速度远远大于土地、资本等的耗费速度”等经济难题。随后1964年贝克尔在其《人力资本》一书中对人力资本做了更为深入的分析，提出了人力资本不仅包括知识、技能等，还包括人口的身体健康状况、生命长短等相关问题。1988年卢卡斯在其《经济发展的机制》中得出了“人力资本是经济增长的原始动力”的结论。

学界对人力资本代际转移动机的分析，理论上一般认为是交换动机和利他主义动机。在中国，交换动机主要体现为“养儿防老”这种观念，即父母对子女进行培养的同时，出于一种能从子女身上获得收益的观念，希望在自己年迈体衰的时候，从子女处获得更好的养老条件。利他主义动机，是指父母培养子女的目的是让子女在将来能获得更好的生活，而不用考虑自己是否会获得收益。

二、农村人力资本代际转移的相关因素

（一）农村家庭内生因素下的人力资本代际转移

自改革开放后，我国城乡二元化始终严重，资源分配不均，导致人力资本存量不均衡，农村人力资本在代际间传递低效。导致这种低效的传递因素主要有以下几方面。

1. 农村家庭收入对人力资本的影响

外国研究者在研究收入对人力资本代际转移的影响时发现，收入与人力资本代际转移的关系为：在低收入家庭中，收入与人力资本代际转移成正相关，当收入达到一定程度之后，收入与人力资本代际转移间便不存在必然关系。研究表明，在一定程度上收入确实影响着人力资本代际转移。我国城乡二元化严重，城乡收入差距明显，通过2013年—2016年关于我国农村与城镇人均可支配收入的对比发现，城镇居民人均可支配收入是农村的2.75倍，城镇人均教育支出是农村的2.51倍。知识和技能是被用来衡量人力资本的标准之一，而知识和教育的掌握程度跟教育的投入成正相关关系，所以假设：将教育的支出作为人力资本代际转移的一个间接相关因素，教育的支出对人力资本代际转移的作用同等，即在一定程度上教育的支出与人力资本代际转移成正相关关系，当这种投入达到一种饱和状态之后，继续投入将不会增加人力资本代际转移的效果，因此人们也就将不再继续增加投入。可以认为我国城镇人口对教育的投入已经达到了饱和状态。

城镇人口对教育的投入为饱和状态，那么农村的教育投入远远在城镇投入之下，这二

者之间的差距，则是农村因收入低下而导致的不能使人力资本代际转移达到最优的原因。

2. 农村父母受教育程度与人力资本代际转移的关系

对子女教育的投入，不仅止步于经济上的投入，还包括教育性时间上的投入。研究者发现，受过较高教育水平的父母更容易培养出优秀的孩子。

在我国城乡二元化结构中，农村人口受教育程度普遍偏低。父母教育子女秉持的观念是“读书可以改变命运”，所以即便是注重教育的农村家庭，也只有经济上的投入。作为农村学生，他们只知道应该好好学习，没有明确的目标，而明确的目标在一定程度上是来自父母的教育性时间的投入。对于受教育程度较低的我国农村人口，缺乏教育性时间投入的观念。同时，父母的受教育程度影响着子女的生活环境，好的环境可以让子女更开阔地看待这个世界，找到明确的目标。对于农村学生而言，由于父母投入的教育性时间的不足以及环境的限制，导致农村学生对未来的选择性变小。

3. 农村家庭结构对人力资本代际转移的影响

（1）隔代抚养率高。随着农村耕地面积的减少，农村出现一种进城务工热的局面，大多数劳动力外出务工，所以出现了大量的留守儿童，于是形成了一种隔代抚养的家庭模式。在汪永涛《城市化进程中农村代际关系的变迁》中，作者通过实证考察发现隔代抚养率高达 80%。可见隔代抚养在农村家庭中是一种普遍现象。

处于隔代抚养这种状态下的家庭，人力资本代际转移是否能提高？通过调查发现，多数老年人并不乐意接受隔代抚养，只是迫于一种道德上的绑架，以及不想跟子女把关系闹僵，才勉为其难地接受。在中国传统中，养儿只为防老的概念深入人心，把子女养大后父母也进入了老年，希望能享儿孙福，而不是继续进行隔代抚养，所以被迫进行的隔代抚养带有无奈的成分。从抚养动机的角度来讲，隔代抚养并不存在交易动机，只是出于一种单纯的利他主义动机，所以隔代抚养并没有激励的因素在内，这便导致在这种家庭结构中被抚养起来的子女其人力资本未必会得到提高。

（2）农村人力资本代际传递中母亲所扮演的角色。在农村，男女平等观念还未深入人心，重男轻女现象依旧严重，所以在农村家庭内部，又会出现资源分配不均等现象，这便导致在家庭教育中女性的人力资本大打折扣。国家统计局数据显示，男女受教育比例依旧高达 3 ∶ 1，农村甚至更严重。

在农村家庭中，父亲一般负责经济来源，相较父亲，母亲陪伴在子女身边的时间要多得多，陪伴即意味着教育，所以母亲在人力资本代际转移中扮演着重要的角色。但是，在农村女性的教育往往得不到重视，这便导致女性人力资本本身低下，对人力资本代际转移形成了一大障碍。

（3）代际传递问题严重。由于我国农村“养儿防老”“传宗接代”等传统观念深入人心，秉持着传统观念，农村父母不生儿子不罢休，所以农村家庭结构不同于城镇家庭的独生子女结构。2013 年中国科学院做了一份调查，发现中西部地区平均生育意愿在 1.7 — 1.8 个孩子之间，也就是说，大部分农村家庭还需要承担两个及两个以上的孩子的抚养。从经济角度来说，养育较多子女对于收入水平本来就不高的农村家庭来说是不容易的。

（二）农村外生因素下的人力资本代际转移

农村人力资本代际转移不仅跟与自身的家庭状况有关，还与整个农村环境、政府政策及农村资源的分配情况等息息相关。

1. 农村文化环境下的人力资本代际转移

我国农村居民是一个文化层次较低的群体，由于整体文化层次低下，形成了一个较差的文化环境，农村孩子被迫在这个环境下生活，然后受其影响，并最终继承这种环境下的文化，导致人力资本低下。在这种环境中成长的人，文化素质很难得到真正的提高，文化素质得不到有效的提升，人力资本将大打折扣。

2. 农村资源分配不公与人力资本代际转移

（1）农村医疗条件与人力资本代际转移。在我国城乡二元化结构下，医疗资源分布是不均衡的，2016 年我国卫生支出费用为 46 344.88 亿元，但是用于农村的费用远远低于城市，城市平均人口卫生支出是农村的 2 倍之多，卫生费用支出大多流向了城市。这便导致农村医疗设备落后、医疗人才缺乏、卫生条件差，因此，农村人健康状况普遍偏低，寿命偏短。

在农村这个群体中，医疗观念不够深入人心，人们的健康观念较低，这对人力资本代际转移形成一大障碍。有统计显示，在小学及小学学历以下的人中，71% 的人没有参加任何医疗保险，大专以上群体则直接降至 30.6%。生活在农村的人，大多为中学及中学以下学历。2015 年农村医疗救助参加合作医疗人数为 4 546.87 万人，相对于庞大的农村人口，其所占比例不到 7.5%。医疗关系到人力资本的质量。

（2）农村教育与人力资本代际转移。教育是人力资本得以提升的有效途径，教育的有效提高即人力资本的提高，对摆脱农村的贫困代际传递具有积极意义。我国教育资源分配不均衡是很明显的，农村师资力量薄弱，教育设施落后。在我国现代社会中，迁移导致的农村人力资本代际转移具有正效应，调查发现，同样是农村孩子，随迁子女的考试能力往往比留在农村受教育的孩子的考试能力强。这种状况的存在是教育资源分配不均衡导致的。大城市拥有强大的师资力量，分配到小乡村的教师都是教育水平相对较低的教师，而师资对于一个地方的人力资本的建设起着举足轻重的作用。

我国户籍制度的限制同样导致了一系列关于教育机会不均等的现象。由于户籍制度的限制，在义务教育阶段，学生被严格限制在户籍地上学，导致即便有较好的经济条件，也很难享受到其他地方优质的教育资源。同时，因户籍的限制，即便农村子女有机会享受优质的教育资源，这种享受也要受到区别对待。我国发达地区对于随迁子女能够接受当地教育有严格限制。

三、城镇人力资本代际转移的相关因素分析

在我国城镇人口人力资本代际转移的模式中，其代际转移的方式已不再像农村一样单一，相对于农村而言，城镇人口对人力资本代际转移的方式是多样化的，而这种转移是基于一定的经济基础的。

（一）城镇家庭收入与人力资本代际转移

在城镇人口中，按人口人力资本状况将人口分为精英阶层和底层阶层，在这两个阶层中，收入状况差距明显，其人力资本代际转移也存在极大差异。

1. 城镇底层阶层收入与人力资本代际转移

在城镇底层阶层中，弱势群体人数最多。弱势群体是生活在城市中依靠自身力量无法确保自身及家庭成员达到最基本的生活水准，需要政府补贴和帮助的群体。城镇弱势群体，是一个知识、技能或健康状况低下的群体，在这个群体中，代际传递的方式通常表现为贫困代际传递（指导致贫穷相关的条件和因素在家庭内部由父母传递给子女，使子女成年后重复父母的境遇；也指在一定社区和阶层范围内贫困和导致贫困的相关因素在代际之间的延续，使后代重复前代的境遇）。

城镇弱势群体知识技能缺乏、身体健康状况不佳等因素都将导致弱势群体面临失业。城镇居民收入来源主要依靠工作，失业必然导致经济来源的中断，而后变得贫穷，贫穷将给后代教育以及健康带来极大影响，导致子代知识技能的缺乏，然后子代又继续延续着父代的人力资本代际传递模式，从而形成贫困代际传递效应。

2. 城市精英阶层收入与人力资本代际转移

外国研究者 Riphahn & Schieferdecker 应用极大似然估计方法研究发现，当收入达到一定层次后，家庭收入将不再成为影响人力资本代际转移的因素。对于城市精英阶层，收入对人力资本代际的转移达到了饱和状态。高收入的精英阶层对其子女的教育，是出于一种纯粹的利他主义动机，其对子女的投入不再局限于义务教育及知识技能的培训，高收入将促使他们培养出子女基础文化教育以外的才能，促使子女的人力资本得到更高的发展，带来更高的社会收益。

3. 城镇父母受教育水平与人力资本代际传递

城镇人口大多为独生子女。在独生子女家庭，多数父母容易选择不当的教育方式。杨莉《城市弱势群体代际转移现象中的家庭教育问题》研究发现，城镇贫困家庭中，75% 的家长选择的教育方式为溺爱型、专断型和放任型，只有 25% 的父母选择较为开明的教育方式。

在城镇家庭多为独生子女的情况下，父母的受教育水平直接关系到对子女的教育方式是否恰当。在城镇贫困家庭中，父母受教育程度普遍偏低，导致教育方式不当，其主要表现为教育观念的薄弱以及亲子关系间的沟通不当。在城镇贫困家庭中，因生活艰难，家长会把大量时间投入生活上，所以父母对子女的投入更多的是经济上的支持，忽略了对子女教育的投入，形成一种放任型的教育方式。长期与子女间没有较多的沟通，会导致子女与父母间产生隔阂，不利于子女的发展与成长。

受过较高教育的父母，不仅在子女教育财务上能给予较好的投入，对子女的教育也比较开明，更利于提高子女的人力资本。

（二）城镇生活环境中的资源与人力资本代际转移

城镇是人力资本累积较大的地方，人口素质较高，文化氛围较好，对人力资本代际转移具有积极的促进作用。在这种文化氛围下，城镇积累了对人力资本代际转移具有积极意义的大量资源，包括教育、医疗及其他优质的资源。

1. 城镇教育资源与人力资本代际转移

城镇不仅集聚了优质的师资力量，还拥有更好的教育设施。随着教育的发展，国家对师资力量的建设越来越重视，有别于农村的是，城镇教师行业的门槛越来越高，要求越来越严格。在市场竞争激烈的情况下，孕育出了一批优秀的教育工作者。在城市教育设施中，不仅公办学校质量优秀，同时培训机构林立，囊括了基础教育培训、其他才艺培训。仅 2009 年至 2011 年两年间，幼儿园的教育经费就翻了近 5 倍之多，城镇人口对教育的重视可见一斑。

2. 城镇医疗资源与人力资本代际转移

医疗资源直接关系到人口健康状况和人口寿命长短。有统计显示，2016 年我国人口平均寿命为 73 岁，城市人口平均寿命为 76 岁，而农村人口平均寿命只有 69 岁。我国人均寿命的增加与医疗卫生的完善密不可分，2006 年—2016 年，我国卫生费用投入由 19 980.34 亿元增加至 46 344.88 亿元，平均人口寿命由 74.83 岁增至 76.34 岁。医疗设施的建设对人力资本建设效果显著。通过对比 2006 年数据，农村人均卫生费为 361.89 元，城镇为 1 248.30 元。相比之下，城市卫生投入是农村的近 4 倍。城市医疗资源的集中发展，结果必然是人力资本质量的提高。

通过分析城乡之间的人力资本代际传递的影响因素发现，导致其中差异的原因有家庭自身的内生因素，也有外生因素。

对于家庭的内生因素，主要体现为收入的影响。对于收入较低的农村家庭以及城镇弱势群体，人力资本代际转移基本相似，对家庭经济的依附性较强。但是对于城市精英层次，收入不再是人力资本代际转移的影响因素。收入较高的城镇人口，他们以一种纯粹的利他主义动机去抚养子女，使得子女在教育、医疗、娱乐以及才艺等各方面都能得到较好的保障和发展。

作为外生因素的所处环境、教育条件以及医疗条件，都对人力资本代际转移起着更为明显的作用。我国城镇环境和农村环境是两个差异很大的环境，所处的环境不一样，接触到的文化风俗差异巨大，而这些文化风俗在一定程度上决定了人口的文化素养。对于这两个环境对人力资本代际转移产生的效果，农村的环境起到了一个阻碍的作用，而城镇环境则起到一个促进作用。教育水平与贫穷代际传递息息相关。由于我国城乡教育资源的分配不均衡，农村师资力量薄弱，教育设施不完备，导致人力资本代际传递过程受阻，农村人口很难获得更高的教育水平，形成贫穷代际传递的恶性循环。医疗设施的建设关系到人口的身体素质，好的医疗设施以及优秀的医疗人才都集中在大城市，这便导致农村人力资本存量相较于城市明显偏低，人口寿命偏短，身体素质较差。

人力资本与经济增长息息相关，对人力资本的研究越来越受到学界的关注。随着科学技术的发展，各国对人才的重视度越来越高，也都专注于对人力资本的投资。我国是一个人力资源大国，但是自改革开放以来，在城乡二元化结构的影响下，农村人力资本普遍偏低，对于城乡间人力资本代际转移的模式也一直备受各界学者关注。

针对城乡人力资本代际转移水平存在的差异，笔者紧密结合城乡自身的特点，分析了在人力资本代际转移过程中城乡的影响因素，得出农村人力资本得不到很好提升的消极因素，以及在城镇中人力资本代际传递效果明显的积极因素，对比分析出了城乡间人力资本代际转移的差异。鉴于此，笔者提出如下建议：第一，坚持实施科教兴国战略，加大对于基础教育的投资。第二，在乡村振兴战略实施过程中突出乡村教育的重要地位，加大农村教育的财政倾斜力度。政府通过对农村教育的转移支付，丰富农村的教育资源，发展优质的农村教育，从而缩小城乡差距。第三，重视对城乡人力资本代际转移的影响因素的研究，通过分析原因建言献策。第四，加强对农村基础教育设施的建设以及医疗卫生的投入。政府要完善国民健康政策，为人民群众提供全方位全周期健康服务，提高全社会健康人力资本的积累。

第六节　基层政府人力资本与农村经济

现如今，我国的经济发展取得了令人瞩目的成绩，在此背景下，农村经济问题成为制约经济发展的重要问题，所以，我国自 2006 年就已经开始解决“三农”问题，提高新农村的建设质量。本节主要就基层政府人力资本对农村经济发展的影响进行探讨，从基层政府人力资本的内涵进行研究，分析其在影响农村经济发展过程中所扮演的角色，进而阐述基层政府人力资本影响农村经济发展的基本机制，希望能为我国农村地区的经济发展提供一些帮助。

自改革开放以来，我国的经济体制已经由计划经济全面转变为市场经济，在此背景下，政府应该在经济社会中担任一个什么样的角色，其主要职能是什么，又应该如何发挥自身职能？对于基层政府而言，管得太宽不如集中精力管好，只有这样才能推动农村经济的发展。现如今，我国基层政府对于农村经济的影响主要包括培育市场机制、完善发展前景、加强基础设施建设以及提供公共服务等方面，但实际上，基层政府在发挥这些职能时经常出现不作为现象，这便导致农村经济发展缓慢。基于此，本节就基层政府人力资本对农村经济发展的影响进行研究。

一、我国农村经济发展现状

（一）我国农村经济发展所取得的成就

2004 年，中央开始实行减免农业税、免征除烟叶之外的农业特产税等政策，并给予种粮直接补贴、购买良种补贴以及大型农机具补贴，农村经济发展直接受惠，当年农民纯收入中，税费占比下降了 1.3 个百分点，农民人均税费下降 44.3%。随后我国每年在农业、农村发展中都给予政策和财政支持，激发农村经济水平的发展，使农民人均纯收入显著提高。据统计，我国已连续五年农民人均收入的涨幅都超过 6%，农业发展呈现出良好的趋势。

（二）我国农村经济发展中存在的问题

从我国经济发展历史来看，农村经济始终处于全社会的最低水平，农民的人均收入低，增速较为缓慢，即使通过改革发展提高了农民的收入，但随着改革红利期的流失，农民收入增速也开始放缓。虽然国家对于农村有着强力的补贴政策，但是随着社会的发展，农产品价格逐渐下跌，而农产品的生产成本却有所增高，这就将惠农政策所带来的优惠抵消掉大部分。此外，即使提高了农民收入增速，但和城镇居民相比，农民的收入增速仍然十分缓慢，二者之间的差距逐渐拉大。

从整体上来看，我国对于农业所投入的财政不足，农业投资结构也不够合理，即使国家一直在农业方面加大投入，但实际上农业支出在国家财政方面的占比却不够稳定，且整体呈现下滑趋势。这种情况导致我国农业基础十分薄弱，农业综合生产能力得不到提高，具体表现在农业基础设施较为落后、农业抵抗灾害能力差、农业建设迟缓等方面。另外，我国农业科学技术水平不高，科技贡献率和成果转化率也较低，和西方有些国家相比较为落后。因为基础不够稳固，所以农业结构的建立也不够合理，落到实处则表现为出产的农产品质量不高，农业化效益过低。农村集体经济力量受到地域、资金以及资源的限制，十分薄弱，这导致农村企业得不到发展，而农村的市场、交通条件不够发达，更导致农民收入提不上去。农业投入资金过少，农村生产基地条件难以改善。

目前，劳动力就业难题成为影响我国经济发展的重要问题，我国作为人口大国，如果不处理好人口问题，那么人口红利就会变成人口负担。农村劳动力外出务工的难度在一天天加大，农村中劳动力回流的情况逐渐展现，但农村企业发展势头跟不上，导致这些回流的劳动力不愿意进入企业工作，在这种情形下，农村富余劳动力就成为影响经济发展的重要问题。农村人口文化素质偏低，受教育程度较低，这使其接受新知识、新思想的能力较差，在学习新技术的表现上也不尽如人意。由于得不到必要的职业性的培训和教育，农村的科技之路步履维艰。

现阶段，我国农村的产业结构问题比较突出，主要包括：一是农村产业结构格局变化不大，第一产业占比较高，第二、三产业不够发达，但是因为粮食价格偏低，种植面积逐渐减少，所以农民的收入提高不上来，其在粮食种植方面的积极性也得不到激发。二是农村企业缺少资金、技术和原材料的扶持，劳动素质也提高不上去，所以导致其始终难以形成规模，不能和城市企业相竞争，难以得到发展。三是农村第三产业发展水平跟不上，主要是因为基础设施落后、教科文卫水平较低，而通信、金融行业的发展跟不上城市步伐，所以农村经济发展迟迟提不上去。

二、基层政府人力资本影响农村经济发展的基本路径

（一）概述

想要了解基层政府人力资本影响农村经济发展的具体作用，首先要了解其基本路径和具体方式。基层政府人力资本影响农村经济发展可以通过直接和间接两方面进行阐述。其中，直接影响是指通过基层政府人力资本来进行制度的创新，提高基层公共治理质量，从而发挥基层政府的基本职能，为农村的经济发展提供良好的制度以及公共环境，同时实现对农村经济的宏观调控；间接影响是指基层政府人力资本对于农村经济发展所产生的间接影响，其一是基层政府通过直接影响来营造一个良好的经济发展环境，从而使得农村经济参与人能够对市场有一个乐观预期，提高人们的积极性，搞好生产和经营，其二是基层政府掌握公共权力，其对于农村经济具有一定的约束性，在基层中处于主导地位，通过利用基层政府独特的优势来进行有效供给，能培育和扩展农村中的社会资本，完善农村社会信用网络，从而激励农村微观经济主体，推动农村整体经济发展。

（二）基层政府人力资本对农村经济发展的直接影响

对于基层政府部门来说，一定要拥有人力资本，才能保证政府发挥自身职能，促进经济发展。目前，我国农村公共管理的主体为各个基层政府，其同时承担着农村制度创新和变迁的主体作用。从制度创新的需求上看，这是因为创新主体看到了更为巨大的潜在收益，

而原有制度并不能实现潜在收益，所以新制度的建设就成为必然之势。我国农村地区的公共产品供给和城镇差距较大，这种情况是长期因素造成的，农村公共产品的供给制度受到农村税费改革的影响，所以农村社会经济的发展也被限制住了。因此，对农村的相应制度进行改革，从而改善农村的发展环境，为农村经济发展营造一个良好的条件，这不仅是广大基层农民的心声，也是基层政府所要做好的。

从制度创新上来看，基层政府负有天然的责任。目前，我国处于经济体制转型的重要时期，自改革开放以来，地方政府的权力得到提高，尤其是分税制改革以后，基层政府又获得了大量农村公共产品的供给职能，但是地方政府由于财力不足等导致出现严重的不作为现象，这也是农村公共产品供给不足的重要原因。在这种条件下，农村公共治理质量必然十分低下。要想改变这种局面，除了在国家层面上对农村的发展加以重视外，还要发挥基层政府的基础作用，从而使其不断创新农村公共管理制度，为农村经济的发展提供一个良好的环境。要想实现基层政府对于发展农村经济的基本职能，实现农村经济发展的目标，就需要不断积累自身知识，利用现代公共管理理论和技术，增加人力资本存量，并提高工作人员的职业素养，培养其正确的行政观念，从而提高其对于制度创新的能力。只有通过不断提高工作效率来创造行政优势，才能让基层政府实现促进农村经济发展的目标。从实际来看，基层政府不是对农村企业、个人起到决策作用，而是要起宏观调控作用，只有这样才能够提供良好的公共服务，农村整体生产力才能得到解放和发展。

（三）对基层政府人力资本进行合理配置

从本质上来看，人力资本的配置就是将资本投入社会生产和经济活动中，通过合理的配置来达成有效的使用，这也是人力资本运营的重要过程。作为基层政府，人力资本配置就是合理安排和使用人力资源，从而提高人力资源的使用效率，为农村社会经济发展提供基础需求。在基层政府人力资本配置上，必须遵循以下三个原则：（1）合理使用：我国幅员辽阔，不同地区的农村具有不同的特点，但现如今的社会系统已经不比以前，开放和包容是其基本特点，作为基层政府，在人力资源的使用中应该加强流动性，了解不同地区的不同需求，以此来引进合适的人才，从而提高人力资源使用效率。（2）良性结构：现如今，我国基层政府的人力资源存在问题，想要提高人力资本的配比效率，首先要解决这些问题，只有培养出合适的人才，才能从根本上发挥政府职能。（3）效率原则：不仅要提高基层政府人力资本的配比效率，也要提高人力资源的使用效率，如此才能实现人力资本的经济效益。

在农村经济发展过程中，基层政府产生的影响较大，所以说基层政府人力资本直接影响到农村经济发展的速度。从这个角度来看，作为基层政府，必须通过创新、公共治理的直接路径和通过乐观预期、社会资本平台的间接路径来发挥自身职能，才能提高农村经济发展水平。

第七节 大数据背景下人力资本价值评估

随着互联网和信息技术的突飞猛进，我们已迈入5G时代。基础设施的更新换代也带来了数据量的爆发式增长，在这种背景下，大数据运算应运而生，海量的数据信息给人力资本服务业带来了前所未有的契机。本节主要探讨在大数据时代如何更好地运用大数据技术来进行人力资本价值的评估、评测，从而提升人力资本价值评估的效率和准确度。

人类社会发展需要进行生产建设，而所有的生产建设过程都必然消耗一定的社会资源，这些在人类生产劳动过程中消耗的社会资源被称作生产要素。2009年，大数据的概念被美国麦肯锡咨询公司率先提出，麦肯锡将大数据定义为一种在数据时代背景下产生的全新的生产要素。同样，人力资本也是一种生产要素，人力资本价值的评估一直都是经济学领域的难题，利用大数据技术能够为人力资本的价值评估提供一种全新的视角。

一、大数据的发展历程

（一）大数据的产生

自从大数据概念被麦肯锡提出之后，对于大数据的定义一直存在诸多争议。主流观点对大数据的定义可以分为两种：一种是以麦肯锡为代表的商业咨询公司，认为大数据指的是一种超大规模的数据集合，应用传统的数据处理软件和信息筛选程序无法在较短时间内对这些庞大的数据量进行分析处理，这样的数据集合就叫作大数据。另一种是以IBM为代表的互联网公司，其将大数据定义为可以为企业提供经营决策支撑的资讯库，并且这个资讯库所包含的内容量非常巨大，资讯库的数据符合三个特征：基数大、增长快和种类多。两种对大数据的定义都能够反映出大数据本身的复杂程度已经超过了传统的数据集合，大数据作为一种数据集合已经不再适用于简单的数据处理模式，必须借助更为复杂的模型和算法才能从繁杂的数据集合中提取到有效数据，并且找出不同数据之间的关联性。

（二）大数据的特征

IBM公司在道格莱尼的研究基础上进行完善，提出了大数据的4V特征，即海量数据规模（Volume）、多样数据类别（Variety）、快速数据流动（Velocity）和巨大数据价值（Value）。这四个特征分别从大数据的数据体量、数据类别、数据变化和数据价值方面进行了定位，让我们能够更加直观和准确地理解大数据的物理意义。和传统数据相比，大数据产生速度更快，数据来源更加全面，但也存在数据结构零散、数据集成困难的问题，因此必须使用实时批处理技术才能对数据进行分析处理。

（三）大数据的应用

目前大数据的应用场景已经非常广泛，渗透到人们生活的方方面面，尤其是在智能手机中，几乎每个应用背后都有大数据技术提供支持，而且这些应用本身也在时时刻刻地产生大数据，产生的数据信息又能对软件的应用和服务提供反哺，所以很多软件都会越来越“懂”用户。例如，我们平常打字采用的输入法，每进行一次输入，它们就会记录我们的操作行为和输入习惯，用过几次以后，我们打字的速度会变得很快，输入法也会优先选择弹出我们的常用词汇，还有我们常用的一些新闻资讯类应用，它们会根据我们的使用习惯不断地推送我们感兴趣的新闻资讯，这些都是大数据最简单的应用。目前大数据技术已经在电商互联网、医疗健康、金融保险、交通出行等各个领域得到了广泛应用。

二、当前人力资本价值评估体系存在的问题

人力资本价值评估体系是人力资本服务的基础，只有能够对人力资本进行准确的评估评测，才能更好地为人力资本的提升和交易做好后续服务。当前国内的人力资本评估评测还处于起步阶段，笔者分析了国内的一些人力资本评估系统，发现目前存在以下几方面的问题。

（一）评估模型测试样本较少

目前国内的人力资本评估评测体系还处于研发测试阶段，而且已有的评估评测体系也在测试样本方面存在一些问题。人力资本价值的评估分为个体评估和群体评估两个层次，在群体价值评估层次，例如每年发布的区域人力资本指数的测算主要就是采用抽样调查的方式，通过对随机抽样结果的教育指标进行分析，来评估区域内人力资本价值的存量。但由于是通过网络抽样调查的方式进行样本搜集，所以评估模型的样本测试必然不会很多，而样本数量较少则会影响调查结果的准确性。另外，国内对个体人力资本价值的计算，一般采用的都是C—F终身受益法和收益—成本差分法。这两种计算模型中都需要先通过抽样调查的方式确定一些参数，再将这些参数推广到一般规律中，而选择样本的数量就直接决定了这些运算参数的准确性。受到调研成本和数据效率的影响，评估模型的参数必然会存在一定误差。

（二）评估指标验证成本较高

在目前对个体人力资本价值的评估过程中，由于很多数据库无法直接贯通，很多信息都需要进行人工验证，所以当评估系统的用户激增以后，必然会造成工作量的大幅提升。而且人工验证对于信息的准确度判断也存在不确定性，随着工作量的增加，工作效率和工作准确性必然下降。很多时候，在对个人用户进行人力资本价值评估的时候，为了提升个

体的人力资本价值，用户可能会夸大或者虚假填报个人信息。尤其是对于一些年代久远的数据，甚至没有网络数据可查，对于证照和凭证的真实性就无法判断。对于这些虚假夸大的信息，在后续处理时如果没有专业数据库支撑，将很难进行辨别。在经济利益面前，如果这个漏洞无法弥补，就很难做好后续的风控管理，由此造成的间接管理成本和金融风险也会增加。所以，对评估指标的验证成本较高也是目前个人人力资本价值评估中存在的问题。

（三）评估数据无法准确量化

目前对于人力资本的价值评估模型是以各种指标数据为支撑的，这些指标和数据想要发挥效用就必须转化为量化的数据。但实际情况是在个人人力资本价值评估过程中还需要面对很多无法量化的指标，如个人的技能水平、荣誉指标、工作经验、岗位熟练度等。这些指标如果要进行量化，就需要通过人工定义的方式对不同的指标进行赋权，而这种操作会增加系统的模糊度，让评价结果误差变大。所以，面对很多无法准确量化的指标，现有的人力资本价值评估体系显得捉襟见肘。

三、大数据在人力资本价值评估中的应用

（一）建立有效数据模型

针对以上问题，大数据技术能够进行有效解决，例如，针对目前评估模型样本较少的问题，大数据技术可以直接从海量的数据信息中构建不同指标之间的逻辑关系，同时能够直接从数据库中摘取和分析用户的行为数据。对于群体层面的人力资本价值评估，可以直接选择样本群体进行指标筛选和逻辑关联，直接对群体数据进行建模，这样得到的数据模型不仅数据量更为丰富，而且数据指标更加真实。对于个体人力资本的价值评估也类似，大数据可以直接分析个人的行为数据和网络轨迹，通过对个人行为数据的分析匹配相应的用户画像，直接给出用户的价值定位和匹配度，这不仅摒弃了烦琐的数据运算，而且得出的结果也更加准确。

（二）形成交互印证体系

大数据技术的核心特征就是数据规模非常庞大，不同数据之间可以通过很多中间数据找到逻辑关联，就像一句俗语说的，“弥补一个谎言需要更多的谎言”。如果离开了大数据技术，想要验证一个信息的真实性，需要运用很多技术手段来反复鉴别。但是在大数据技术面前，任何谎言都可以被轻易揭穿，如果一个人提供了虚假信息，就需要篡改更多的历史数据。而大数据能够挖掘出海量的关联数据来验证某个数据的真实性，弄虚作假的成本被大幅度降低，对个体人力资本价值的评估也更加准确。运用大数据进行个体人力资本

价值评估时依据的不是基于用户提交的信息，而是基于数据库中不同维度数据指标的相互印证。因此，大数据技术的应用能够让人力资本价值的评估更加准确。

（三）提供全面量化依据

利用大数据的分析方法，能够让复杂的人力资本价值评估系统变得更为直观和便捷，大数据系统能够提供更为全面的数据信息，这些信息都是能够直接量化的数据。大数据评估系统和传统的评价系统最本质的区别就是大数据提供的都是量化过的数据信息，而不需要再对一些信息进行人工的量化。每个人通过手机、网络、Wi-Fi都在不停地产生行为数据，随着信息技术的发展，个体人类会变得越来越没有隐私。在大数据下，个人的一切行为都是透明的，因此，对一个人的行为判断和价值评估就变为可能。同时，基于个人的行为大数据的价值判断比依靠传统的数据模型测算要更为准确和高效。

大数据时代已经到来，信息技术的飞速发展已经让数据覆盖了我们生活生产的方方面面。通过本节的研究可以看出，大数据评估体系能够为人力资本价值评估带来全方位支撑，所以人力资本服务业想要实现创新发展，必然要借助大数据技术，开创人力资本价值评估的新模式。

第四章　人力资本的改革与创新研究

第一节　人力资本、显性和隐性人力资本

随着人力资本理论的兴起，人力资本已经在政治、经济和社会领域得到了广泛应用，但是其概念术语还有较多分歧，很多理论尚不完善。笔者在研究人力资本要素构成的基础上，重新论证了人力资本的属性和特征，定义了人力资本、显性人力资本和隐性人力资本的概念，澄清了以往我国对于人力资本研究中很多模糊和矛盾的地方。

自20世纪60年代美国芝加哥经济学派西奥多·W·舒尔茨和加里·贝克尔创立了人力资本理论以来，中外学术界对人力资本进行了深入研究，并且在政治、经济和社会领域进行了广泛应用，但发展至今，仍没有形成一整套完整的人力资本理论体系。正如著名经济思想史学家马克·布劳格指出的那样："我们可以说人力资本研究纲领已经显示出十分惊人的结果，差不多在经济学的每个分支领域里都酝酿成新的研究项目。不过，纵观该纲领到今天为止所取得的成就表明，它实际上并没有按照波普尔（证伪主义）的见解得到极其充分的确证。"在人力资本研究中，还有许多关键的概念术语有很多分歧，一些假说仍然没有得到实证研究的确认。近年来，我国对于人力资本理论的研究方兴未艾，但基于我国改革和发展实践的理论研究尚不完善，还没有一个具有指导意义的完整理论阐述。本节在前人研究的基础上，试图从人力资本要素构成的角度，对人力资本以及隐形人力资本概念进行新的论证，以澄清对于人力资本研究中模糊和矛盾的地方，希冀对我国人力资本的管理与开发有所帮助。

一、人力资本的属性

亚当·斯密认为，资本是个人资产中希望可以为自己提供收入的部分，资本可分为流动资本和固定资本。保罗·萨缪尔森等人认为，"资本是一个经济体为了生产其他的物品而生产出来的耐用品"。马克思曾经论述资本具有增殖性、运动性、价值性、竞争性、权力性等特征。人力资本作为商品经济的产物，必然具备商品的属性。在市场对资源配置起决定作用的市场经济中，个人、厂商、政府和其他组织对于人力资本的选择，以及这些选

择如何决定人力资源的使用，决定了人力资本是否具有资本的一般属性。

（一）人力资本的商品属性和交换过程

1. 人力资本的价值属性

商品的基本属性是价值和使用价值。作为商品的本质属性，人力资本必然具有价值。按照劳动价值理论，商品的价值是凝结在商品中的无差别的一般人类劳动，即人类体力和脑力的消耗。人类从出生开始，实际上就在学习各种人类生活和工作所需要的知识、技能、经验以及文化等其他精神总量。也就是说，人类的整个学习过程可以看作是劳动过程，因为它同样消耗人类的体力和脑力；凝结在每个人身上的知识、技能、经验以及精神总量，也都可以看作是人类劳动的产品。由于每个人对学习过程的选择不同以及学习时间的不同，再加上每个人的天赋、心理和环境等差异，就会产生不同人力资本的使用价值，而不同人力资本在劳动力市场上的稀缺性差异，又决定了人力资本的交换价值，如一个普通工人和一个工程师的差异。从世界各国的经验看，累积的人力资本价值已经大于实物资本的价值，如美国所有资本中，有 2/3 或 3/4 是人力资本。对于人力资本的交换价值，可以采用计算人力资本价值边际收益的方法对其进行简单的衡量。边际收益一般用人们为再购买一单位产品或服务所愿意支付的最高价格来度量。只要劳动的边际产量价值大于额外雇用一个工作者的边际成本，经济体就有动力通过多雇用一个工作者来增加利润。经济体为雇用这个工作者所付出的工资和福利待遇，就应该是该人力资本的交换价值。

作为商品的人力资本，其使用价值受到经济条件和社会条件的制约。投资者根据自己生产的需要来衡量人力资本的使用价值。例如，在一个生产率水平很低的农村，农民不需要也雇用不起一个飞机驾驶员去播洒农药，这时农民最需要的是具备熟练农作经验的劳动者；而对于拥有现代农庄的农庄主则相反，也就是说，飞机驾驶员对于普通农民没有什么使用价值，但对于现代农庄主则具有很大的使用价值。在使用价值上，人力资本和一般资本品之间只有一定程度的替代作用。机器再先进，仍然需要人的操作。对于现代人力资本理论而言，最重要的是怎样通过激励措施来提高人力资本的潜在产出，实际上就是提高人力资本的使用价值。

2. 人力资本的所有权和交换过程

考察人力资本的所有权，需要明确人力资本的投资者。从宽泛的角度考虑，国家自义务教育起，为每个受教育者投入了大量资金。国家是本国市场经济体中人力资本的主要拥有者，这也决定了每个劳动者都有纳税以及为国家和社会承担应该履行义务的责任。国家对于人力资本直接拥有部分权益的是公务员和国家开办的学校、研究机构等公共部门的工作人员。由于直接被国家雇用，作为为国家和政治、经济发展服务的公务人员，他们自身的人力资本部分权益通过工资、福利等手段交换给了国家。但由于劳动者具有自由的平等就业权和职业选择权，对于在私人部门工作的劳动者，国家仅是在法律方面有约束，与每个劳动者之间并没有明确的劳动合同关系。所以国家对于私人部门人力资本的拥有仅限于法律层面，不是具体拥有者。

人力资本的第二个投资者是个人的投资。由于受教育的程度是工作者生产率提高的决定因素之一，因此一个人会选择接受较长时间的教育，预期增加自己今后的收入。在学校学习至少有两方面的投资：一是投资者本人放弃工作所获得的收入而去学习，此为机会成本；二是本人及其亲属为学习所付出的学费、食宿费以及时间等，此为学习成本。因此，人力资本的第一拥有者是劳动者个人。但是，人有三种身份：消费者、工作者和投资者。如果一个人仅是处于学习阶段或者不被雇用的状态，并不具备可以带来收入和进行生产带来利润这些资本的基本特征，所以只有被雇用的劳动者——工作者，才能被称为人力资本。工作者通过交换出个人的部分人力资本而为自己获得收入，投资者购买工作者的部分人力资本而获得更多利润。工作者在被雇用前通过对工作岗位的比较（取舍）选择工作，相同的是雇用者也通过对不同应召者的比较而选择为自己工作的工作者。由于人力资本和工作岗位的稀缺性，使得工作者和投资者都必须进行选择。

人力资本的第三个投资者是私人部门。当一个人被雇用时，一是会获得工资和福利，这是对工作者教育投资产生使用价值所获得的收入；二是大多数私人部门都会为了提高生产效率而对员工进行培训和开发，这是为了获得员工的更多人力资本所进行的投资。一般来说，私人部门为了交换工作者的更多人力资本需要进行双重投资。如果是自己经营，所获得的收入则有两个部分，一是被自己所雇用获得的工作收入，二是投资所获得的资本收入。也就是说，这个人具有投资者和工作者两重身份。除生产经营方面的投资外，这个人还有一项投资，就是为了提高工作效率而参与学习和培训付出的成本，这部分投资仍然算作经济体的人力资本投入。工作者因为经济体的工资投入和人力资本投入，已经将自己的部分人力资本交换给自己经营的企业。只是一些小型和个体经营的经济体由于难以区分工资和投资，会出现认识模糊的地方。

（二）人力资本的特殊属性

1. 私有性

学界对人力资本具有私有性的属性已有共识。一个人一旦被雇用为工作者而从事某项工作时，其人力资本的部分所有权就已经发生了交换。在市场经济活动中，人力资本的私有性如何通过交换体现出来是学界和实践界关注的问题。需要厘清一个问题，作为“人”的活体，算不算作人力资本的一部分呢？一个经济体雇用劳动者，需要考虑岗位职能、工作条件，还要考虑该岗位工作者的能力和发展潜力要求。一个人选择工作岗位时，需要考虑工资水平、工作环境、周边生活条件、待遇是否公平等多方面因素。一个人一旦被雇用，在工作时间内工作者的"实体"部分应该说是完全属于经济体的。当这个人有意愿牺牲更多的休息和娱乐时间来换取更多的收入时，他可以把自己剩余的时间出售给另一个企业。比如，最常见到的是一个会计可以利用业余时间为一个小微企业整理账目，从而换取更多收入，这样他的人力资本就被分割成了两个部分出售，既包括他的"实体"，也包括他的时间、技能、经验和其他精神存量。

当一个经济体中的某个或某些岗位的边际成本过高时，会选择牺牲一部分利润而把这部分工作外包。美国的一些企业把编写软件的部分项目外包给印度公司就是典型的案例，印度工程师通过电子邮件把编写好的软件传给美国企业，在这个雇用活动中，经济体只雇用了印度人的技能、知识等部分，而人的"实体"部分并没有被雇用。有些行业，经济体只雇用人的"实体"部分，而不需要工作者其他的人力资本部分。比如，某些职业画家雇用一些人体模特写生，还有在拍电影时那些只站在镜头里凑人数的群众演员。

人力资本市场上人力资本价格上的差异，在某种程度上是由于工作者将自己的人力资本分开交换，或者说是由投资者只雇用工作者的部分人力资本所造成的。一般来说，投资者对于工作者人力资本的购买是标准化的，而工作者交换出的人力资本多少最终取决于个人的意志。工作者的工作效率受到个人意志的影响，在工作中人力资本也体现出了高度的私有性。一个工作者在工作时间内"实体"部分属于雇用他的经济体，但他的思维、技能、知识等部分可能在为其他经济体服务。比如，一个工程师在工作时考虑为其他经济体设计工程图，也就是所谓的败德行为。一个受过良好的教育、能力强的工作者，如果对自己的工作岗位或待遇不满，可能导致"逆向选择"，工作效率有可能不如一个普通工作者。那些普通工作者因为对自己的待遇和岗位满意程度高，工作积极性高，反而会获得较高的收入和更高的职位。这些都是人力资本高度私有性导致的结果。很多业主对自己所雇用工作者的人力资本信息缺乏足够了解，通常是只了解工作者的平均工作效率，而工作者则对自己的能力（人力资本信息）有足够的了解，这种人力资本信息的不对称是导致工作者出现败德行为和逆向选择的主要原因。人力资本的私有性也是工作者能够离开原工作岗位，重新选择新工作岗位的原因。

从以上分析可以看出，在人力资本的定义中，既应包括人的技能、知识、经验以及其他精神存量部分，也应包括人的"实体"部分。那些认为不包括人的"实体"部分的认识，并不正确。

2. 分享性

只有当人力资本所有权发生了交换，才能称为"人力资本"；否则，只能称作人力资源而不能称作人力资本。一个工作者的人力资本发生交换以后，他的"实体"以及部分技能、知识、经验等一定时间内是属于雇用他的经济体的。作为雇用这个工作者的经济体，在特定的时间内可以根据需要调配和使用这个工作者的人力资本。这时，如果该工作者对雇用他的经济体的忠诚度和工作积极性高，他就会把更多的属于自己的人力资本交换给经济体，以换取更多的收入和更高的职位。这个工作者所交换给经济体的人力资本，是该经济体生产要素的一部分。由此可知，工作者一旦被经济体所雇用，就将与经济体共同分享该工作者的部分人力资本。工作者的人力资本还有一种不发生交换但仍然可以分享的情况，即家庭内父母对子女技能和经验的传授。一个工作者刚开始工作时，一般会得到前辈在技能和经验上的指导。除了企业为提高工作效率，专门聘请一些老工作者给新工作者上课培训支付一些报酬外，一般这些人力资本的传授并没有给传授者带来直接收入。另外，工作者之间的交流、合作，工作者对其他工作者和工作岗位的观察以及带来的启迪，都会带来人力资本的分享，但都没有产生商品的交换过程。需要注意的是，这种没有发生商品交换过程的分享，也不能带来直接的收益，不能称为资本，必须经过被传授者的吸收、归纳和组合以后，才能作为自己的人力资本进行交换。

3. 自我发育性

在市场经济活动中，资本具有增殖性。资本的增殖，既有数量的增殖，也有质量的增殖。经济体把所产生的新增资本投入新的生产中，扩大经济体的经营规模，产生新的资本，改善原有资本的质量，这样循环往复，使得企业规模一步步壮大。在这个过程中，实物性资本和金融资本的增殖一般可以用资本利润率来考量其数量增殖，用资本利润的收现程度、收账比例和盈利的稳定性等来评价资本的质量增殖。但是，人力资本作为经济体生产要素的一部分，与实物资本（资本品）、金融资本等相比，又有着独特性。首先，实物资本和金融资本的增殖是可以量化的，过程清晰、可控。但人力资本的增殖很难量化，一个经济体在引入更先进的仪器设备和更有价值的人力资本后，带来的更多产值有多少属于先进的仪器设备的产出，有多少是人力资本的产出，很难进行量化。其次，实物资本和金融资本都受到人力资本的操控。一个工作者虽然受到契约、岗位职责和工作纪律的约束，也受到同事和上司的督促，但作为人力资本主要还是受到工作者个人自我意志的控制。再次，工作者可以对人力资本中不完善和错误的技能、知识和经验等进行自我完善和修复；可以对原来不具备的知识、技能和经验等人力资本进行学习和模仿；对于已有的人力资本，工作者可以经过梳理、归纳和重新组合产生新的人力资本，亦即创造能力。人力资本的增殖，都有从萌发、成长到成熟这个发育阶段，而这些都是其他资本所不具备的。

二、人力资本概念的重新释义

对于人力资本概念的界定主要存在以下问题：一是所有权不明晰，把人力资本仅当作工作者取得个人收益的一个资产部分，忽略了人力资本作为商品的所有权问题。二是对人力资本定义时仅考虑了它的使用价值部分，对其作为资本的商品属性部分的认识模糊不清。三是没有考虑到人力资本作为商品，只有发生交换过程才能称为“资本”这一商品经济下的重要特征。四是没有考虑到工作者的个人意志对人力资本交换价值的影响。这些问题的存在，使得对于人力资本的研究出现了很多误区、错误和争议，以致出现了研究方向上的错误。

人力资本概念可做如下释义：人力资本，是指工作者将本人及所拥有的技能、知识和经验等生产能力根据个人意愿交换给投资者，并作为投资者的基本生产要素的部分。人力资本包括工作者的身体、时间、知识、技能、经验、智力以及其他精神存量等。

三、显性和隐性人力资本概念的释义

（一）隐性人力资本认识上的误区

自从郭玉林从人力资本知识要素构成的角度，将人力资本划分为显性人力资本与隐性人力资本以后，我国学者对此多有研究，研究集中在隐性人力资本的形成与转化机理、制度框架到激励机制和评估体系方面。郭玉林认为，所谓显性人力资本，是指构成人力资本价值的外在的，通过一般方法可以观察其价值构成或其价值可以得到确定的部分；而隐性人力资本是指存在于员工头脑或组织关系中的知识、工作诀窍、经验、创造力、价值体系等。与公开人力资本和半公开人力资本要素相比，隐性人力资本要素更具有本源性和基础性，是创新的源泉，是一切显性知识的基石。这一表述令人迷惑不解的地方是，显性人力资本和隐性人力资本的概念没有相对性，显性人力资本的描述如果说和人力资本的属性还多少有联系的话，隐性人力资本的描述和人力资本的属性几乎没有什么联系，隐性人力资本的概念更像是隐性知识，这是其一。在对隐性知识的进一步描述中，把其说成“是一切显性知识的基石”，让人感到困惑，显性知识的基石是什么？所有知识都来自人类的大脑，是人类认知事物的能力。隐性人力资本如果是显性知识的基石，是创新的源泉，它和资本之间又有什么关系呢？这是其二。人力资本首先必须是商品，其次必须经过交换才能称其为资本，最后人力资本的价值受到工作者个人意志的影响。显性人力资本可以说符合这些条件要求，但隐性人力资本呢？根据其概念笔者没有找到它和资本之间的联系。

（二）显性、隐性人力资本概念的重新定义

在一个完全竞争的市场中，完全竞争性企业是追求利润最大化的。同样，在完全竞争的劳动力市场中，作为人力资本的提供者——工作者也是追求自己获得收入的最大化。在完全竞争理论中有三个基本假定：（1）价格接收者；（2）产品同质；（3）自由进入与退出。在劳动力市场中，这实际上包含三层意思：工作者接受现有的薪金和福利水平，接受经营主体的激励制度；工作者之间在生产能力上没有差异；工作者可以自由进入和退出经济体。但在实际的经济活动中，这些情况是不可能存在的。

首先，工作者不可能自由进入和退出某个经济体的工作岗位。在很多情况下，工作者

在进入前和退出时将付出较高成本。比如，进入医生行业前，从业者要付出大量的机会成本；工作者一旦退出某个工作岗位，会出现沉没成本；无论是进入还是退出，工作者都要考虑到边际成本等。

其次，工作者之间的知识、技能、经验以及各方面的能力并不是同质的，受各种因素的影响，他们之间往往有很大的差异，这也导致了工作者的不同使用价值和生产效率。

再次，工作者未必接受现有薪金和福利水平，也未必接受所在工作岗位的激励制度。比如，在一个大的上市企业里，做决策的经理因为缺乏来自投资者的监督，其行为就有可能偏离利润最大化的目标，他可能更多地考虑大股东的利益而做出决策，也可能为了自己的收入完全只顾及短期利润而忽视长期利润。还有我们前面提到的逆向选择问题，这些都是和企业追求利润最大化相背离的。也就是说，即使在完全竞争的情况下，人力资本也未必会促使经营体的利润最大化。

经济体为了避免工作者的败德行为和消极怠工，在与工作者签订契约时会提出工作要求和标准，对工作岗位提出职责、任务和目标。很多工作岗位还会采用以业绩为基础的报酬方法来提高工作者的积极性。经济体在制定这些工作要求和工作目标的时候，一般都会制定一个最低标准，以便多数人能够完成任务要求和目标，能够拿到最低的工资和福利。这也是留住合格员工所必需的。在制定这些最低标准时，除了要求工作者必须具备能够完成其岗位工作和今后发展的能力外，对于凡是可以量化的标准，一般也都会采用统计学的方法制定最低标准。比如，用同类工作者的平均水平——样本均数作为标准，或者把以往同类工作者的业绩从低到高排序，用以往 25% 的同类工作者可以完成的业绩作为标准。这些都是投资者要求工作者亦即人力资本必须达到的基本要求和必须完成的基本任务。

作为投资者，为了获得足够多的利润，就必须获得有足够工作能力的工作者，即必须获得足够的人力资本。投资者在制定岗位职责、任务和目标时，已经把所需要的工作者的能力要求、业绩要求制定出来，这实际上也是对人力资本明确的要求，是显性的。按其制定的标准和要求获得的工作者以及他们按最低标准做出的业绩，就是所谓的显性人力资本。投资者会想尽一切办法和激励手段来提高工作者的积极性和生产效率，以便能够获得额外的利润。为此，投资者会对工作者进行培训和开发，会通过给予表现优良的工作者更多的红利、股权以及更优厚的福利待遇和更高的职位等来促使工作者达到这个目标。很多工作者团队在这些措施的激励下，会表现出更高的工作热情，会将自己超出经济体所制定的标准和要求的技能、知识、经验和其他能力开发出来去完成工作，甚至加班加点去工作。工作者这些超出经济体工作岗位标准和要求的、额外交换给投资者的人力资本为隐性人力资本。隐性人力资本并不是经济体工作岗位所明确要求的，却是经济体创造力和高速发展的动力来源。

第二节 人工智能时代的人力资本市场体系

人力资本市场是市场经济的重要组成部分，是人力资本交易买卖的场所和关系的总和，是优化配置人力资源和人力资本的基础。随着市场经济的快速发展，人力需求越来越旺盛，人才流动速率不断加快，人力资本市场建设及配套设施不断完善，服务体系不断健全，人力资本市场在社会经济发展中的作用越来越突出，成为人力资本产业发展的重要载体、市场经济的重要生产要素。党的十九大报告明确指出，要“着力加强建设实体经济、科技创新、现代金融、人力资源协同发展的产业体系”，强调要把加强人力资本市场建设、发展人力资本产业、强化人力资本服务作为培育新增长点及形成新动能的重要举措之一。

改革开放以来，我国市场经济步伐不断加快，对人力资本开发的重视不断加强，基本建成了与市场经济发展相适应的现代人力资本市场体系，这为我国的经济社会创新发展、高质量发展提供了强大的人才支持和动力支持。但是相对于市场经济发展和社会发展，人力资本市场建设进程相对缓慢，明显滞后于中国市场化改革的整体进程，已成为制约中国深化经济体制的因素之一。

随着人工智能的发展，人工智能人才需求的不断增加，人力资本的流动频率将进一步提高，人力资本市场的竞争将更加激烈、竞争手段将更加多样化，人力资本市场建设面临着新的机遇与挑战。人力资本市场要不断创新调整，不断强化机制体制创新，改善服务环境，发展服务手段，扩大市场份额，充分发挥体制创新在市场发展中的引领作用，更好地发挥市场在人力资本开发、供需调节中的基础作用，充分调动人才的积极性与创造性，更好地服务于社会经济发展，更好地应对人工智能时代的来临。

一、深化改革，创新人力资本市场体制机制

要大力推动行政管理体制改革，建立与人工智能时代相匹配的政府运行机制。政府要从根本上树立市场在人力资本资源配置中的基础作用的理念，加快市场发展所必需的法规政策建设，科学制订并有效实施人力资本市场发展长期规划，加强人力资本流向调控；提升社会治理现代化水平，规范市场经济的失灵行为，提供保证人力资本流动的制度条件、经济条件和政策条件，为规范市场行为、促进公平竞争提供法制保障。

要建立健全人力资本市场诚信体系，不断完善失信惩戒机制，为提高人力资本市场配置效益提供制度保障。推动行政机关运行机制创新，加快推进人才公共服务机构改革，加强竞争机制和激励机制建设，增强行政机关市场竞争意识和服务意识，不断提高创新能力和服务水平。积极培育各类专业社会组织和人才中介服务机构，为各类企业和创新人才提

供便捷高效的社会化服务和均衡化的公共服务。加快户籍制度改革，建立城乡统一的户籍管理制度，促进自由迁徙、自由居住，尽快消除城乡制度壁垒，促进中国城乡统一的人力资本市场的发展与完善，推动人才的自由合理流动。逐步消除阻碍人力资本市场完善和发展的制度性壁垒。建立和完善科技成果市场转化机制和创新平台人才市场配置机制，建立统一开放的人力资本供求、价格和竞争机制，让各类用人主体和人才在规范有序的市场环境中合理流动、平等竞争、有效配置。

二、强化市场服务，推动人力资本产业发展

人力资本产业是人工智能时代以人才为核心的创新产业体系的重要组成部分。据研究，到2020年，我国人力资源服务产业规模已达到2万亿元，在现代产业体系中占有重要地位。加快培育发展现代人力资本产业，引导人力资本产业向价值链高端发展，是推动人才创新、促进人力资本开发、加快我国经济迈向高质量发展新阶段的重要途径。

要抓紧研究制定鼓励人力资本产业发展的产业政策，通过健全政策，彻底解决人力资本产业发展中普遍存在的人力资本评估难、创新成果转化市场机制不健全、技术经纪人短缺等问题。要加快人力资本产业服务创新，构建一个包括人力资本信息、人力资本获取、人力资本开发、人力资本回报、人力资本产权保护及人力资本供给者健康、教育、投资、配置、维护等服务在内的人力资本全价值流程、全生命周期服务体系，不断推动服务转型升级。要大力拓展人力资本服务新动能。要聚焦“互联网 +”、人工智能等新技术在人力资源服务行业领域的应用，为人力资本产业创新赋能。要大力发展专业性、行业性人力资本市场，鼓励发展、引进高端人才猎头等专业化服务机构和产业组织，放宽人力资本服务业准入限制，推进国际人力资本市场组织合作交流。要积极探索人力资本跨界服务创新，加强员工弹性福利平台、商业保险、员工心理健康等研究，推动跨界发展。要大力开展赋能化社会服务，为人才提供人力资本价值提升服务，着力在人才个性化培训、健康促进、知识产权保护、创新金融扶持、成果孵化育成、技术交易匹配、创新项目协同、职业生涯帮扶、生活服务等方面为人力资本服务注入新动能。

三、加快数字市场建设，不断提升人力资本市场信息化水平

要高度重视人力资本产业的技术发展，牢牢把握新一轮技术革命的大趋势，大力推进人力资本市场信息化系统的建设。要大力推动云计算、人工智能、区块链等技术与人力资源服务的深度融合，加快智能人才搜索技术、人岗匹配技术、敬业度测量技术、动机识别技术、智能服务技术在人力资本市场建设中的普遍应用。要不断完善人力资本市场信息化系统，构建集智能化配置、网络化培训、数据化管理、平台化服务等综合运用的现代人力资本产业体系，实现人力资本的高效化管理。要积极推进面向全国的信息和利益共享机制，

最终实现全国人力资本市场的信息联网化，制定并统一发布人力资本市场供求信息，开发能对信息进行收集、整理和分析的智能化数据管理系统，充分发挥信息导向作用，为市场提供全面和有效的人力资本信息服务。

四、建设多层次人力资本市场体系

要深刻认识在创新发展中培育发展现代人力资本产业的重要性和紧迫性，不断完善多层次人力资本市场体系，充分发挥市场在人力资本配置中的决定性作用。要进一步完善国家级人力资本市场建设，进一步完善设施、健全网络、规范服务，提高市场的专业化、产业化和现代化水平，加强全国人力资本市场的联网、联合与协作，不断提升服务功能，扩大其辐射范围，加快与国际人力资本市场接轨步伐。要进一步加快省级人力资本市场建设，强化省级人力资本市场基础服务创新，建立健全省级人力资本管理信息网络，积极探索开展跨区域人才交流，大力推动本省人力资本市场相互补充，实现规模化经营、协调化发展。

要不断加强地（市）县级人力资本市场建设，不断健全服务功能，推动县域人才的培养与交流，做好农村人力资本市场建设及农村人才资源开发，健全农村人力资本市场服务网络体系，搞好农村人才资源的开发。要针对人才层次特点，适应我国将跨入老龄化社会的实际，制定差异化人才服务体系。加大高新技术人力资本市场发展力度，努力为高新技术产业提供人才服务，积极研究制定倾斜政策，促进科研人员合理流动和优化配置，全面提升人力资本及各类创新要素配置水平，促使人才创新力转化为现实生产力、产业实力和国际竞争力。

五、强化社会保障体系建设，为人力资本良性流动提供保障支持

不断健全和完善社会保障制度是人力资本市场有效运行的重要因素。人力资本市场的运行必须具备价格、主体、信息网络、存在形式、中介组织、运行规则、保障体系等因素，否则就无法构成健全的人力资本市场，也无法保证人才的合理流动，难以形成公平竞争的环境，不利于人力资本市场的发展和完善。

要进一步深化社会保障制度建设，加快社会保障税实施进程，确保社会保障资金征集的规范化、稳定化、可持续化，为形成公平公正公开、竞争有序的全国统一市场，确保人力资本大范围的合理流动提供保障。

六、加强舆论环境建设

良好的舆论环境是人工智能技术与产业健康发展的重要构成要素，也是人工智能人才培养稳定、可持续发展的关键因素。

纵观人工智能发展史，从人工智能概念被明确提出以来，人工智能已经迎来了三次发展高潮，每一次高潮无不是由技术创新引导、产业应用推动、社会舆论快速推动发展的结果。达特茅斯会议之后，人工智能出现了大量的研究成果，特别是 LISP 语言、微世界概念的出现，大大简化了人工智能的场景，引起了强烈的社会反响。

认识到人工智能无限发展前景的美国 ARPA（后来的 DARPA，美国国防部高级研究计划局）于 1963 年拨款 220 万美元给麻省理工学院，掀起人工智能的第一次高潮。而过度的社会热情及过于乐观的社会预期，与人工智能技术实际发展进程的不协调，则不可避免地导致了人工智能的第一次和第二次低谷的来临。人工智能的第三次浪潮，一方面是由于人工智能长期技术积累的阶段性爆发，更为重要的是得益于阿尔法狗与李世石的世纪大战所引起的世界舆论的广泛关注，人类与机器人对局的失败，使世界各国深刻认识到人工智能技术发展的广阔前景。但是，对于人工智能发展前景的不可控性的担忧，使社会形成两个极端的舆论环境：一方面，人们普遍认识到人工智能发展会给人类社会带来更美好的生活前景；另一方面，人们认为人工智能将带来大面积的失业、将会导致人类容易滋生惰性思维方式、人工智能技术会像核武器般技术失控的舆论泛起，使社会上开始出现限制人工智能技术发展的呼声。

现在是一个信息爆炸的时代，信息扩散速度极快，如果官方机构和传统媒体在舆论酝酿阶段未能及时察觉、正确引导，就会迅速发酵成大型舆情事件。对于舆论的正确引导，决定着人工智能的健康发展。

加强人工智能舆论环境建设，一是要加强人工智能知识普及，强化社会对人工智能的理解与认识，要从根本上消除人们对人工智能的认识误区。二是要确定正确的舆论方向，既要防止人工智能技术作用被无限扩大的社会舆论，也要防止人工智能虚无化的社会舆论。人工智能的发展，是一个长期的过程，实现机器在任意现实环境的自主智能和通用智能，仍然需要中长期理论和技术积累，而且人工智能对工业、交通、医疗等传统领域的渗透和融合是个长期过程，很难一蹴而就。因此，发展人工智能要充分考虑到人工智能技术的局限性，充分认识到人工智能重塑传统产业的长期性和艰巨性，理性分析人工智能发展需求，理性设定人工智能发展目标，理性选择人工智能发展路径，务实推进人工智能发展举措，只有这样才能确保人工智能健康可持续发展。三是要积极引导标准建立，建立人工智能发展的科学伦理体系，发挥舆论引领作用，推动人工智能的良性发展。构建人工智能伦理指南，各国的人工智能发展战略均强调了人工智能伦理，保障人类利益和遵守基本权利原则、安全性原则、透明性原则。四是要构建开放创新的科学研究氛围，加快科学研究与应用，通过科学创新引导舆论发展，为人工智能发展创造良好氛围。

总之，人工智能专业人才的缺乏，始终是制约人工智能产业发展的一块短板，必须统筹兼顾，通过政策引领、产业发展、人才引进等多种手段与措施，加快顶尖人工智能人才培养，实现在人工智能最新技术和最核心体系的研究方面赶超发达国家，加快人工智能产业人才大军培养步伐，推动产业融合，抓住最新科技推动产业和经济发展的机遇，实现产业快速转型升级、经济快速发展，掌握国际竞争主动权。

第三节　乡村振兴战略下农村人力资本

“三农”是关系国计民生的核心问题。以促进“三农”可持续发展为目标的乡村振兴需要优质的农村人力资本作为支撑，需要大范围提升农村劳动力的职业技能、专业知识，需要提升农村人力资源向人力资本的有效转化率。我国农村人力资源转化现状存在人力资本投资有限、资源转化效率低、专业培训机构匮乏等问题，这导致农村人力资本难以最大化发挥优势。本节在立足国内乡村振兴发展诉求差异化的前提下，思考农村人力资本应用的困境、原因，分析影响农村人力资本形成转化的因素，阐述契合乡村振兴诉求目标的农村人力资本激活和开发路径。

在农村经济增长质量、速度深受全要素生产率制约的经济增值时代，制度创新、技术创新成为经济增值的核心。人力资本作为技术、制度、文化等创新的重要载体与助推器，被视为推动“三农”问题解决的强劲引擎，其成效与优势能否被有效发挥，需要人力资源转化效率、人力资本培养软硬件条件等作为支撑。然而，“以工辅农”战略的长期应用所带来的农村人力资源开发乏力、教育投资有限、人力资源频繁外流、人力资本应用和转化成效低等问题，很难保障农村人力资本契合“三农”问题解决之诉求。在党的十九大报告中，习近平总书记根据当前我国发展阶段和社会主要矛盾变化，提出并深入阐释了实施乡村振兴战略的重大决策部署，阐明了乡村战略思想的丰富内涵，从“三个全面”到“五个振兴”再到“三总一保障”，一系列新思想新理念新部署为乡村振兴指明了发展方向、创造了良好机遇并提供政策支撑。因此，依托新时代的历史方位，以乡村振兴为考察着眼点，厘清乡村振兴对生态治理、乡村文明建设、技术引进、魅力农村建设、农村产业化发展与经营等方面的诸多诉求，明晰其与农村人力资本供应存在明显的矛盾，并在缩小城乡差距、促动乡村振兴的目标指引下，快速激活农村人力资本活力，最大限度地发挥农村人力资本效益已迫在眉睫。

一、乡村振兴战略下农村人力资本激活面临的困境

人力资本作为社会物质生活条件中主要的构成要素之一，在经济增长乃至社会发展中占据至关重要的地位。激活人力资本正是以挖掘人力资源的内在潜能与核心能力为目的，以促使其对经济发展和社会进步起到积极作用。因此，农村人力资本激活状况势必成为乡

村振兴战略实施的重要制约因素，其激活程度直接关系到乡村振兴战略的总体发展进程。但囿于诸多因素的桎梏和阻碍，当前激活农村人力资本的工作面临种种困境，农村人力资源可利用率、人力资本转化内生力以及教育系统性配套机制等方面都存在短板，亟待理顺与解决。

（一）农村人力资源可利用率偏低

作为农业大国，我国农村人口基数大，虽然农业资源丰富，但人均占有量并不理想。受教育条件、教育心理、家庭经济发展状况等诸多因素影响，我国农村人口综合素质和学历偏低、区域间存在明显差异是不争的事实。农村家庭是农村人力资源培养和供应的基础载体，也是人力资本投资主体之一，家庭收入的高低直接制约着农村人力资源的培养能力。在国家农村教育投入不均衡和农村家庭收入低增长状态下，虽然农村居民受教育积极性和受教育程度在逐步提升，但是“低收入—低教育投入—低劳动力—低收入”始终制约着农村人力资源培养质量和人力资本转化能力，并使之陷入恶性循环的发展状态中。乡村振兴亟须具有创新思维、大局观念和意识，能够自主学习新科技知识和管理技巧的各领域带头人，但就当前农村职业农民的培养现状来看，实现此目的难度较大。

（二）农村人力资本转化内生力匮乏

乡村振兴工程需要政府支撑，需要包含农村劳动力在内的全民参与，需要不断整合利用社会资源和各界力量，科学调研并分析提取乡村差异化特征以及优劣势，构建个性化振兴策略，并按需求配置人力资源及管理方式。然而，目前在农村人力资源开发及人力资本形成和转化过程中，存在无专业组织引导、无持续助力支撑的状况和开发转化程度低、途径单一等问题，以及部分基层政府、乡村基层组织对农村人力资源的浅表化、自发性开发，使农民群体创新优势、助推内生力优势，都在农村人力资本形成与转化中难以最大化地发挥实效。

（三）农村教育系统性配套机制紧缺

国内教育体系目前按照高等教育、职业教育、基础教育模式运作，与乡村振兴所需的振兴人才教育及农民创业引导教育的直接关联性不强。当前，农民接受教育或者培训多依赖国家基层科学知识、技术科普机构，如科技站等，没有能满足乡村振兴人才需求的有针对性的职业教育与引导机构。农村人口职业教育培训需要考虑农村人力资本的层次性、流通性、实效性、依附性、私有性等特征，需要立足乡村振兴战略的人才诉求，如培养新技能型人才、管理型人才、知识型人才等智囊团，设计和构建具有系统性的职教方式、路径、咨询中心、普宣组织与实训基地等，这是仅仅依靠农村“386199 部队”、农村普遍建立综合文化服务中心等难以达成的。

二、制约乡村振兴中农村人力资本激活的因素

当前，在乡村振兴战略实施过程中，农村人力资源可利用率、人力资本转化和教育配套机制等方面都存在不同程度的缺失和滞后。因此，全方位多维度地探寻乡村振兴中制约农村人力资本激活的主要因素必不可少。城乡二元制度、资本投入引导不均衡和农村资本投资效率低等因素对农村人力资本激活的影响均不容小觑。

（一）城乡二元制度的影响

农村人力资本激活的核心要义在于提高农村劳动力的综合素质，但素质的有效提升直接依赖于教育发展水平。城乡二元经济结构差异必然导致教育投入呈现出二元制度差异，引发农村教育投资不足、教育机会不均衡、教育资源配置不合理、教学效果不理想等一系列现实问题。教育优势资源主要集中在城市，并不利于农村教育良性发展并取得高收益。与此同时，近年来城镇居民物质条件总体优于农村，农村人口的城市化流向更为明显，这势必会加大农村人力资本要素的枯竭和人力资本投资的错位。大量留守儿童、空巢老人作为当前农村主要人力资本要素，很难承担起乡村振兴所需的人力资本诉求，乡村凋敝与乡村振兴重任之间矛盾的日渐激化，使得乡村振兴的发展举步维艰。

（二）资本投入引导的不均衡

资本投入引导不均衡的影响主要表现为：农村家庭人均投资不足，农村人力资源培养投资不足，外来优秀人才吸纳、开发、整合应用的资本投资不足三个方面。从成本收益的角度来看，农户家庭是否增加资本投入往往以其投入的成本和收益的比值为衡量基础。受教育及培训期间，农户不仅需要承担培训费用，还需要担负误工费、培训后收益不高的时间损耗费等。当前农民接受培训多为解决进城后就业难问题，或者接受科学站技术引导培训，但一般情况下，农民接受培训和教育的时长与其家庭资本投入的积极性呈反比。在农村人力资源培养投资中，国家的政策引导、资金补助是重点。然而，我国在农村人力资源培养投资及外来优秀人才吸纳、开发、整合应用等方面的资本投入，多依赖于地方财政的“包干式”教育投资，二元财政束缚下的低素质、低水平、低额度投资是农村教育投资常态。乡村振兴需要良好的人才引进、培养、应用环境、物质与精神激励机制等，但在收益主体和投资主体不一致的制约下，农村人力资本培养、开发、应用都很难达到预期目标。城市对农村人才、中青年劳动力的虹吸效应又使农村外来人才的引进雪上加霜。

（三）农村资本投资的效率低

农村人力资本产出效率低下是目前制约农村人力资本发挥助推实效的重要障碍点之一。除产出错位效应外，农村人力资本投资收益错位；受资源外流影响，农村投资收益的

时间错位；收益和投资主体不一致带来的主体错位以及空间错位等，又进一步降低了农村人力资本投资效率、效益、资本转化积极性等。假设农村居民收入增长水平始终难以超越城镇居民收入，很难营造有力的人才储备环境和条件。作为人力资本转化的首要受益对象，农村家庭经营发展的缓慢及难以实现可持续的问题，又会影响和制约农村资本积累速度，进而导致马太效应，它所带来的负影响更为突出。

三、乡村振兴战略下农村人力资本激活开发路径

激活农村人力资本对于实施乡村振兴战略的重要意义不言而喻。基于当前的发展现状，理清阻碍发展的症候所在与阐明影响发展的核心因素，创新实践视角，拓宽建设思路，从调整农村人资开发思维、营造农村人力资本激活环境和加大产业规划、凸显产业聚集优势入手，因时制宜、因地制宜，探索出乡村振兴诉求下农村人力资本激活开发的崭新途径，势在必行。

（一）划分新老农民界定开发对象，逐步调整农村人资开发思维

农村人力资源主要涵盖有意愿从事农村劳动就业、适龄且具有一定劳动能力的农村人口，以及农村外来可参与到乡村建设工程中的各类人才，其中符合农村人力资源标准的农村人口年龄基本围绕 16 周岁和 60 周岁上下波动。以年龄作为现有农村人口的划分标准，可将其划分为新、老农民两代。新农民的范畴主要包括具有农民身份，愿意接受或积极主动接受新鲜事物，尤其在农业新科技、新发展形态、新知识点的获取等方面，愿意辅助村委会、农业专家进行试点实验，或者积极主动寻求、探索、实施、推行“三农”创新发展路径的农村劳动力。此类人群具有一定的知识基础，对农业知识与技术有一定的掌握，对农业新变革局势有一定的认知，可作为激活农村人力资本的主要着力点和农村人力资源开发、教育引导的主要对象。

充分发挥农村人力资源优势，激活农村人力资源活力，逐步调整农村人力资源开发思维，需要从政府、社会、农村、媒体四个领域着眼，使相关责任人尤其是被教育和被引导对象，正视乡村振兴中农村人力资本应用的必要性和价值，并思考自身在农村人力资本激活、开发、应用工作中的角色担当和权责。以培养新型职业农民为基础理念，从大局着眼分析我国农村人力资本开发的现有情况，以契合乡村振兴发展的方式开发与利用，合理界定农村人力资本激活、开发、合理应用的大方向。考虑到我国各区域农村经济、教育、科技投入、发展和应用状况迥异，不同基层政府可结合本区域农村人力资本成形的实际进度，调查取证，分析不足、瓶颈和原因，锁定可调整的关键因素，进而从政府、社会、农村、媒体四个方面确定本区域农村人力资本激活、开发、合理应用的阶段性推进战略，并有效落地执行所需的各类机制保障。

（二）细化人力资源利益群体诉求，营造农村人力资本激活环境

乡村振兴需要熟悉经营、善治理、善创新、善跨业合作和营销的知识型、管理型、技能型人才，还需要善“三农”、熟本地乡土资源特征、善“农业 +”的农业专业技术人才，以及善用“互联网 +”统筹规划、落地执行的综合型人才。

为尽可能地培育、吸纳、聚集以上具有综合才能的各类人才，建议从投资环境、公共服务、财政优惠、政策保障、资金保障、相关配套设施保障、法律法规保障、舆论引导保障等方面入手，积极构筑人才引进激励制度体系、回乡创业者保障体系，营造可辅助农村人力资本激活、开发、合理应用的良好环境及氛围。以农民增收提质为目标，可积极推进农村第一、二、三产业的交叉融合；以提升农民回乡发展积极性为目标，可出台各类鼓励支持“三农”可持续发展的政策，强化农村教育培训、帮扶、宣传力度，鼓励支持农民回乡创业和吸引外来企业投资；在区域间树立乡村振兴特色发展、创业成功的农民榜样，借榜样力量示范诱导；为提升农村人力资源资本转化有效性，可完善人才引进专项细则和招商引资专项编制，大力提供返乡、创业、培训、投资所需的咨询、技术、资金服务，对于知名企业家、产业技术能手、科研院所专家学者、高校教授等优质外来人力资本，可利用农村地域优势、资源优势、政策优势，为其提供所需的政务服务及就业、就学、医疗、卫生、住房等各项服务政策，以及配偶就业、子女就学等特色补贴。

（三）建立“基层 + 针对型”培训机制，加大产业规划凸显产业聚集优势

针对目前农村人力资源教育匮乏、教育有效性不足的问题，建议以基础教育为主、以新型农民职业教育为辅，加大农村教育专项基金、科教文卫公共服务设施的经费投入力度，整体提升农村居民的知识层次和总体素养，重点拓宽其视野，提升其接受新事物、新知识、新技能的主动性思维。可按照开设农业技术职业学院、农业社区教育、农业专业院校、社区大学、农村农业大学等模式来保障农民职业化培训的持续性、针对性和系统性。此外，还可设立农村技术中心、在线农业科教平台等，利用其服务、咨询功能有针对性地引导和满足不同职位、不同年龄段、不同生产经营诉求的农民知识应用需求，推动农村一般人力资源的专业资本化转化。

乡村振兴离不开产业的带动和催生力量，这也是吸引、留住、内化人才并提升农村人力资本开发、流动、转化速度的重要工具。因此，建议人力资本开发与农村产业规划落地同步执行，实现人才开发应用与产业发展、产业创新与专业人才引进的“一对一”无缝对接，按照“一县一业”“一乡一特”“一村一品”产业布局，突出人才对产业布局、筹划、创新的作用和效力，努力策划具有产业、人才聚集优势的项目，在农村区域内做好特色项目储备与产业规划的落地执行。

党的十九大报告中所提出的关于乡村振兴的一系列新思想新理念新部署，更是一剂强

心剂，为“三农”问题提供了政策指南与发展方向。机遇与挑战并存，在把握新时代发展脉搏的同时，更应紧扣乡村振兴战略实施的核心问题，即激活人力资本，正视发展中存在的短板、缺失及制约因素，以全新的视角探索切实可行的激活农村人力资本的崭新路径，着力深入推进乡村振兴战略的实施。

第四节　人力资本、产业转移与区域产业升级

美国次贷危机以来，全球经济增速的放缓导致我国依靠出口、投资、消费的外需发展模式略显乏力，产业结构升级成为新常态发展阶段的重要战略目标。在习近平总书记提出着力加强供给侧改革的背景下，研究人力资本、产业转移这两大供给侧因素对产业结构升级的影响显得尤为重要。

一、人力资本与产业结构升级的关系研究

对于人力资本推动产业升级背后的机制，不少学者进行了探讨。Nelson、Phelps 和 Romer 认为人力资本能通过促进技术进步促进产业升级，这一传导机制得到很多学者的认同。有学者认为人力资本集中是产业集聚形成的重要因素，人力资本水平高的地区往往具有技术进步的人力条件，生产率较高，而知识的外溢效应会强化人力资本和产业集聚，加速产业升级过程，这一观点的落脚点在于人力资本对技术进步的推动作用。张若雪从反面印证了这一机制，她认为我国产业结构水平较低、升级缓慢的背后是技术水平较低、进步缓慢，而我国劳动力绝对数量较大以及相对素质较差的状况是导致这一问题的根本原因。王健、李佳比较系统地阐述了人力资本影响我国产业结构升级的三个机制——技术进步、收入提高以及城市化，并在此基础上建立实证模型，发现人力资本提升能显著促进产业升级。从以上研究中可以看出，学者们普遍认同技术进步是促进产业升级的重要因素，而高人力资本水平为技术进步提供了良好的孕育条件，人力资本水平高的地区更易诱发技术创新，得生产率得到提高，产业升级得以顺利推进。

二、产业转移与区域产业升级的关系研究

我国地域辽阔，不同地区经济差距较明显，产业转移的大国雁阵模式在我国也存在着现实依据，研究区域产业转移和产业结构升级关系的学者较多。陈建军、郭元晞等认为产业升级往往是通过产业的转移和承接来实现的，产业升级是产业转移的动力机制之一。现有文献主要集中于从产业转出区和产业转入区两个角度阐述区域产业转移对产业结构升级的影响，进行这一研究的学者较多，如魏后凯、戴宏伟、刘力、黄利春等，他们都认为产

业转移不论是对发达地区还是欠发达地区的产业升级都有促进作用，是一个双赢的过程。产业转移过程必然伴随着区域产业结构变化，发达地区新产业的兴起推动产业升级的高级化，欠发达地区通过承接产业转移加速工业化过程，即产业转移过程对转出地与转入地的产业结构升级都具有有力的推动作用。此外，也有学者关注到产业转移会存在负效应。杨秀云、袁晓燕通过研究发现，在我国产业升级和产业转移的过程中出现了产业技术“空心化”、区域性产业“空洞化”和企业组织结构“空心化”等空心化问题，这为我国的产业转型升级带来一定挑战。

三、人力资本与产业转移的关系研究

在国际产业转移中，外商投资进入一个地区往往取决于东道国的人力资本水平，即“人力资本门槛”效应。国内学者主要从“产业转移黏性”角度探讨人力资本水平对区域产业转移的影响，如白彦、王思文、冯邦彦。人力资本丰裕的地区能吸引较多产业集聚，尽管劳动力成本较高，但不会发生大规模产业转移，即存在产业转移黏性。由此可以看到，相对于劳动力成本，人力资本水平对产业转移有着更为重要的作用。

产业转移对经济的影响依赖于人力资本水平。此外，很多学者还关注到人力资本会影响产业转移的效果，人力资本水平的高低会影响一个地区对知识和技术的引进吸收能力，而产业转移的过程往往伴随技术转移，因此人力资本水平影响着产业转移的效果。产业转移的发生与否以及效果展现与否，在一定程度上都依赖于人力资本水平。尽管随着市场条件的变化，出于成本约束的考虑，部分产业有着向外转移的必要性，但欠发达地区低下的人力资本水平成为发达地区“产业黏性”的重要因素。从这一方面来看，人力资本水平还决定着产业转移的层次。

四、新的研究框架的构建

通过梳理相关文献，笔者关注到人力资本和产业转移都会对区域产业升级产生影响，但人力资本和产业转移之间并不是绝对独立的，人力资本水平影响着产业转移的力度与层次，进而影响一个地区的产业结构升级，而伴随产业转移的劳动力流动会对人力资本水平及结构存在配置作用。鉴于以往的研究较少关注到这一机制，下面笔者尝试将人力资本、区域产业转移和产业升级纳入统一分析框架下进行研究。

人力资本水平是产业转移的重要影响因素，产业转移也会对人力资本水平产生一定影响，从人力资本的形成过程中可以发现二者相互作用机制。在产业转移过程中不仅会伴随各类生产要素的流动，而且要素的流动会诱导产业的地区间转移，即产业转移与劳动力流动是伴生过程。刘力基于广东“双转移”战略，探讨了产业转移与劳动力流动关系；樊士德探讨了劳动力转移刚性与区域产业转移关系。由于产业转移与劳动力流动具有伴生性，因而劳动力流动因素是探讨人力资本与产业转移关系时不应忽略的重要方面。产业转移的过程会给转入地区带来资金投入等发展契机，从而带动对人力资本的投资，加速人力资本积累过程；同时，伴随产业转移发生的劳动力转移也将对其人力资本水平和结构产生直接而迅速的影响。

劳动力流动对人力资本的配置作用不仅对产业转移产生影响，还会对产业结构升级产生直接或间接的作用。人力资本水平有利于推动产业升级这一观点得到了学者们的普遍认可，高水平人力资本能为产业结构升级提供相应的智力保证，对产业升级的推进起到支撑作用，但开展研究时还应关注劳动力流动对人力资本的配置作用为产业升级带来的影响。西奥多·W·舒尔茨和贝克尔比较系统地提出了人力资本理论，认为健康、教育、培训和迁移等投入是形成人力资本的主要途径，但由于微观上计量迁移等成本投入存在较大技术难题，学者们较少考虑迁移投资对人力资本形成的影响。从宏观上来看，迁移对人力资本的配置作用不容忽视。一个地区的家庭、企业和国家对人力资本进行投资将促进人力资本积累，有助于形成该地区一段时间内静态的人力资本水平。但随着经济的不均衡发展以及劳动力流动壁垒的逐渐被打破，我国区域内存在着大量的劳动力迁移现象，劳动力作为人力资本的载体，其跨区域流动会在很大程度上影响地区间的人力资本分布格局，劳动力流动对人力资本有着配置作用，进而影响产业结构升级，这一影响机制是不能忽略的。

第五节　基于能力理论的人力资本研究

人力资本理论在系统化形成的过程中，经历了新古典政治经济学萌芽、现代人力资本理论、当代人力资本理论和新人力资本理论四个阶段，新人力资本理论中对于非认知能力的探究，推进了人力资本理论脉络的新发展。以能力视角为线索，即从认知能力和非认知能力两方面重新审视能力在人力资本框架中的地位，对回顾人力资本理论的产生和发展具有重要意义。

人力资本理论的诞生和发展经过了一个漫长的历史过程，“能力”一直是人力资本理论研究进程中潜在的一条主线，其中，认知能力和非认知能力共同构成了人力资本理论中“能力”的概念范畴。认知能力是指通过教育、知识积累、培训等方式形成的包括数学运算、读写、加工处理信息等能力的总和；动机、自控力、偏好等个人潜在特质构成了非认知能力的内容。从人力资本起源到20世纪90年代，人力资本理论大多从教育、知识为核心的认知能力角度研究人力资本对宏观经济、微观个人的价值。随着人们对非认知能力认识的深入，新人力资本理论完善了传统人力资本只关注单维能力的缺陷，对能力构成、能力与人力资本的关系有了全新的认识。

人类对“什么是能力”这一问题的研究起源于心理学领域，直到20世纪80年代，人们对能力的探究还是围绕“认知能力”开展，普遍认为能力是指人驾驭各种实践活动的本领大小和熟练程度，如20世纪初美国心理学家塞斯顿针对能力组成提出了“群因素说”，将能力分解为词的理解力、言语流畅性、数字计算能力、记忆能力、空间知觉能力、知觉速度、推理能力七种因素。20世纪70年代李嘉音教授从心理学、教育学的角度提出了能力的形成公式：智力（素质）加上知识（技能）通过自己的实践活动可以转化成能力。俄国学者乌申斯基将教育作为发展人的智力、获得知识的第一目的。20世纪末期，学者们对认知能力的认识趋于成熟，并且有了行之有效的测量手段，但是人们注意到了人的特质对经济生活产生的影响，能力成为一股左右社会发展和人生命运的积极力量，心理学中的能力概念也得到了扩展。心理学家彼得罗夫斯基在其著作中写道：能力是个性的心理特点，这些特点是顺利完成该种活动的条件，并且表露出掌握该活动所必需的知识、技能和熟练程度的动态上的差别。此时的能力概念已经出现了“非认知能力”部分，由此可见，能力理论经历了从单维能力到多维能力的发展过程，这一形成过程与人力资本理论的发展存在紧密的内在联系，本节就是在此基础上对人力资本理论进行了梳理。

一、以认知能力为核心的人力资本理论

（一）早期人力资本思想

马歇尔认为，“所有资本中对人本身的投资是最具价值的，教育能够开发人力资源的智力”，并主张“将教育作为国家投资”。李斯特提出了“精神资本”的概念，认为人可以通过教育投资掌握更多的技艺，智力方面的成果和积累有助于人们获得更多的产出。沃尔什则是通过分析个人教育费用和个人收益来研究人力资本的第一人。

在人力资本萌芽时期，亚当等诸多学者打破资本同质、劳动力同质的桎梏，注意到教育、能力对于人力资本起着不可忽视的作用，但对于“能力到底为何”没有清楚的界定。由于新概念的不成熟，研究体系受到种种质疑和排斥，所以当时的人力资本还未得到经济学家和学术界的认可。

（二）现代人力资本思想

“第一代人力资本理论”（现代人力资本理论）呈现出较为完整的理论框架是在20世纪60年代。公认的“人力资本理论之父”西奥多·W·舒尔茨在20世纪60年代初期以宏观经济增长问题为对象，研究了教育、在职培训、保健、人力迁移等投入对一国经济增长的贡献，认为人力资本是通过投资而凝聚在人身上的知识、技能和健康等因素的集合。之后，美国经济学家丹尼森用精细的分解计算发现正规教育或者说人力资本投资能够解释美国在1929—1957年近1/4的经济增长，为西奥多·W·舒尔茨的理论奠定了现实基础。

1962 年，阿罗的“干中学”理论思想从中观层面的经济载体角度出发，指出除了正规或非正规的学校教育，人们还能在工作实践中积累知识与技术，强调了人力资本的“外部效应”。1964 年，贝克尔从个人、家庭的微观视角，研究人力资本积累与个人收入分配的关系，他认为专用性人力资本中的在职培训是人力资本的核心内容，随之形成了一整套人力资本理论，开拓了人力资本理论在收入分配中的研究领域，被认为是人力资本投资思想的起源。1974 年，明赛尔延续上述理论，首次将受教育年限作为衡量人力资本的重要指标来计算劳动者多受一年教育而增加的收入，构建了人力资本收益率模型，结论认为，劳动者收入增长和收入差距缩小的原因在于受教育水平的提高，这是人力资本投资的结果。至此，现代人力资本的理论框架已经基本形成。

笔者认为，这一时期的人力资本理论是以“提升教育投资—劳动者的能力提高—劳动生产率增长—国家经济及个人收入增长”为主要研究路径，再次审视了人，尤其是具有一定教育、专业技能水平的人在经济增长和生产生活中的独特作用，对人力资本的概念、性质以及人力资本的投资途径都有了较为明确的阐述。但此时的人力资本理论还存在以下一些不足：（1）学者们对“能力为何”有了基本确切的答案，他们在同时期心理学中关于能力的概念基础上，以教育程度反映的认知能力作为人力资本水平、劳动者生产能力的替代量，比如明赛尔直接用受教育年限来衡量人力资本指标，这种方式虽简化了测算和验证的复杂性，却会掩盖人力资本其他的重要方面，因此说这一时期的人力资本理论还较为单一和狭义；（2）此时的理论建立在教育同质性这一基本假设上，实际上人们受到等量的教育也会形成不同的能力水平，带来不同程度劳动生产率的增长，这个形成机制十分复杂，所以假设本身过于简单化和理想化；（3）在研究人力资本与经济增长的关系时，学者们均把教育、人力资本作为外生变量，没有定量的人力资本模型，因此对宏微观问题的解释力度有限。

虽然这一时期人力资本理论存在诸多不足，但仍受西方世界的热烈追捧，基于丹尼森的研究成果，各国纷纷将人力资本作为振兴国家经济、制定发展政策的理论基础，重视国家教育事业。然而 20 世纪 70 年代经济一度低迷，西方国家发现对教育的大量投入并没有实现预期的经济增长，更糟糕的是受教育者失业数量反而有所上升，第一代人力资本理论开始受到质疑，筛选理论和劳动力市场分割理论登上人力资本理论的舞台。

1973 年美国学者斯宾塞发表《筛选假设——就业市场信号》一文，创立了筛选理论。该理论认为教育只是反映个人能力的信号，雇主会根据这一信号或者标志筛选雇员，从而对收入分配产生影响，但教育并不会直接提高受教育者的劳动生产率、增加劳动产量。劳动力市场分割理论同样认为，教育的功能不在于直接提高个人的认知技能进而影响收入，而在于受教育者能够进入收入高、工作环境优越、福利有保障的主要劳动力市场，避免风险大且不稳定的次要劳动力市场。不仅如此，人力资本理论还遇到实践方面的挑战。弗里曼和拉姆伯格通过实证分析发现，教育的增加不一定能提高生产力，也不一定会获得较高的收入。学术界还出现了对“过度教育”和“文凭贬值”的大量研究。

这一阶段主要以“提升教育投资—较高的文凭/进入主要劳动力市场—个人收入增长”为研究路径，学者们对教育作为人力资本框架的核心而不能完全阐释现实社会中出现的大量新问题产生质疑，是人们对单维认知能力的作用机制了解不够，还是忽略了其他因素的影响？如果有，这个重要的因素是什么？可以说，学者们的质疑并没有触及现代人力资本理论缺陷的根本，对教育信号作用的讨论依旧在认知能力的范畴内，对现有理论还未构成实质上的“挑战”或者“变革”。

（三）当代人力资本理论

20 世纪 80 年代以后，在知识经济理论的背景下，通过教育和在职培训等过程积累的知识、技术存量成为独立内生变量被纳入经济增长模型，其中具有代表性的经济学家如乌扎华、罗默和卢卡斯，他们的研究使人力资本更为具体化、数量化和精细化。

乌扎华在只有生产部门的新古典经济学模型中加入教育部门，使之成为包含人力资本因素的两部门模型，为后来学者改进人力资本模型打开了新思路，被誉为建立人力资本增长模型的第一人。

在罗默的简单两时期模型中，社会知识总水平作为独立因素进入生产函数，他还将知识分为一般性知识和专用性知识，一般性知识对于任何企业都能起到促进收益增长的作用，也就是“外部效应”，而专用性知识只会给个体当时所在的企业创造价值，即“内部效应”。罗默对知识属性的认识体现了认知能力的划分情况，一部分认知能力是具有普适性的，而另一部分能力则与特殊环境相关联。罗默还对人力资本的形成来源提供了全新的视角，认为对不同类型的人力资本和能力，可以采用不同的培养方式。

卢卡斯的人力资本积累增长模型主要分为两类，即两资本模型和两商品模型。两资本模型以西奥多·W·舒尔茨的理论为基础，强调正规学校教育对经济增长产生的“内部效应”；两商品模型则建立在阿罗的“干中学”理论之上，强调边干边学积累的人力资本存量能产生“外部效应”。

以上三位学者在延续现代人力资本理论思路的基础上解决了人力资本内生化的需求，更加突出人的知识和能力对经济增长的作用，掀起了人力资本模型化的研究热潮；同时，他们建立模型的出发点还是以教育和知识为中心，是对认知能力的一次精确测算和模型建立，所以人力资本理论中认知能力的内核还未被打破。

（四）以认知能力为核心的人力资本理论评述

回顾前三个阶段的人力资本理论，西方学者本着探究人力资本对经济增长作用的目的，对人力资本的概念、性质、形成、测算以及模型建立进行了大量研究，但他们普遍将教育默认为人力资本的核心，把教育等同为能力的代理变量，因此，经济学家对人力资本的解释一直限制在认知能力的范围内，忽视了非认知能力的经济、投资价值。实际上，当人力资本模型中的“能力”仅指向以教育、技术、知识为代表的“认知能力”时，用传统人力资本来解释收入等因素会遇到极大挑战：在理论层面上，明瑟收入方程中的残差部分无法找到合理的解释，在控制人力资本中的家庭背景和人口学变量后，还有近 2/3 的收入差异未得到解释，排除掉测量误差后，是否存在解释变量被漏掉的可能性？现实社会中的新情况层出不穷：教育、知识、技能水平类似的人群对经济增长的贡献可能有很大不同，个人职业发展过程中的收入和社会地位大相径庭，认知能力类似的人表现出人力资本质量的巨大差异，这些问题的存在使仅从认知能力出发的人力资本理论遇到了瓶颈，引发了学者对非认知能力对个人收入增长和收入差距扩大影响的研究。近年来，人力资本理论在不断向前推进，尤其是对非认知能力的研究日趋丰富，这提供了一个崭新的研究方向。

二、以非认知能力为突破的新人力资本理论

20世纪末期，西方心理学家对能力内涵的研究进一步深入，他们通过测量控制点、偏好、动机等特质完善了非认知能力的范畴，但是并没像经济学家那样解释个人特质在经济工作生活中的表现差异。相较于有明确规范术语和测量工具的认知能力，对非认知能力计量的不成熟导致长期以来西方经济学家对人格特质的稳定性、因果性和预测效度存在疑问，很少将非认知能力与个人收入、劳动力市场、职业发展等联系起来，因此，非认知能力的研究一直徘徊在经济学家的研究边缘。需要特别指出的是，心理学偏好“人格特质”（personality trait）或“人格”（personality）的范畴，而经济学家偏好使用“非认知能力”的概念。

近年来，学者们不断尝试对人力资本框架加以修正。20 世纪末，英、美两国相继开展过大范围的雇主调查，发现某些非认知能力能够显著预测个人在劳动力市场的工资表现和职业是否成功，这一发现引起了人们的广泛关注。如何测量非认知能力一直是能力理论发展中的一大难题，这一现象随着认知心理学和人格心理学开发的人格特质测量工具的成形而转变，研究成果主要有罗特（Rotter）的内外点控制量表、罗森堡（Rosenberg）的自尊量表（Rosenberg Self-Esteem Scale）、大五人格量表（the Big Five Personality Scale）。除了现代心理学技术的快速发展，新人力资本理论的发展得益于心理学家和经济学家的合作，它开启了以能力为核心的新人力资本研究的新篇章。

（一）西方学者的研究结果

以诺贝尔经济学奖获得者赫克曼（Heckman）为首的新人力资本理论支持者，从理论与实证两个层面研究认知能力和非认知能力对个人成就的影响。赫克曼等以美国高中毕业证书（GED）调查的参与者为样本，通过研究发现，文凭对雇主来说不单是认知能力信号，

还是反映其认知和非认知水平的混合信号，这一研究结果弥补了“筛选理论”的不足。克莱因（Klein）通过观察招聘过程发现，比起生产技能，可靠稳定的个人品质更容易影响雇主的决定，这说明非认知能力在劳动力市场上的作用可能并不低于认知能力。赫克曼等人在此后的一系列研究中指出，对于劳动力市场上以低技能为特点的劳动力个体，其非认知能力显著影响个体的工资收入、职业稳定性和社会行为，并且超越了认知能力的影响。那么，非认知能力与认知能力之间是否存在互补关系？当认知水平不高时，非认知能力能在多大程度上影响能力总水平？

在单独考察非认知能力的实证研究中，詹克斯（C.Jencks）通过控制收入方程中教育和工作经验变量后发现，沟通能力、坚持不懈、勤奋、人际关系等特质能够有效预测个人在劳动力市场中的工资收入。巴里克（Barrick）等人用大五人格量表实证调查后认为，在预测经济效益方面，尽责性人格与职业成就有显著的相关性；萨尔加多（Salgado）、霍根（Hogan）、尼萨（Nyhus）等人的研究也证实了尽责性人格对个人收入和工作成就有较强的影响。

（二）中国学者的研究结果

中国改革开放后，由计划经济向市场经济过渡的过程中引发了社会体制、经济结构的转变，对人力资本开发的需求快速提升。早期主要建立在西方的理论构架上，大多是从认知能力出发，认为人力资本是由知识、技术和健康因素构成的。随着研究的深入，学者们在西方人力资本与中国实际环境对接的过程中，对“能力为何”有了新的思考。

在理论方面，章海山结合中国特殊的人文环境，在传统人力资本的概念中加入了品质、道德伦理因素，品质和道德这些个人潜在特质包含了非认知能力的相关内容。刘伟东、夏光等人将人力资本分为代指人的知识水平、经验丰富程度和体力的初级人力资本，以及体现个人才能、天赋等潜能的高级人力资本，前者代表的是认知能力部分，后者则明显指向非认知能力。

对非认知能力关注是必要的。逯进等人认为，人力资本研究必须冲破古典经济学中理性人的假设，经济行为的研究必须建立在现实的心理特征基础上，由此自然引出了有关人力资本心理特性的考量。当事人往往是有限理性的，心理素质的高低或心理健康与否，直接关系到人力资本其他素质的有效释放。因此，如能把人力资本心理素质、脑力素质与身体素质加以综合考虑，将会对人力资本的核算及其行为理论产生更贴近于实际的影响。方竹兰指出，测定人力资本能力的指标基本上是有形的，如教育投资、教育年限、健康投资和健康状况等。而人力资本决定于个人能力，也决定于个人能力之外的个人的态度、志向、兴趣、情绪、品格、觉悟等心理因素。

在实证方面，黄国英等人认为，认知能力与非认知能力中的受访者待人接物水平和社会交往能力都对收入具有显著的正向作用，认知能力和非认知能力都是中国城镇劳动力市场上的重要收入影响因素，其作用不容忽视。何珺子等人在分析了国际成人能力测评项目的数据后发现，非认知能力对男性和女性收入的影响力度不同，非认知能力对男性收入的影响为正向显著，而对女性来讲，认知能力特别是在学校接受教育获得的认知能力，对收入的影响较大，超过了非认知能力。

（三）人力资本与组织绩效

组织作为人力资本发挥的重要场所，自然也是人力资本研究中不可忽视的重要组成部分。从 20 世纪 90 年代开始，学者和企业实践者从不同角度关注认知能力倾向的传统人力资本与非认知能力倾向的人格特质对工作绩效、企业绩效的影响。

在认知能力方面，以韦斯伯格（Weisberg）为代表的西方学者于 1990 年做了一项研究，以一家市政公司的员工作为调查对象，设定受教育年限为一般性人力资本，工作年限为专用性人力资本，研究发现受教育年限和工作年限对企业绩效有显著的正向相关性。梅森（Mason）等人收集了美国 200 多家跨国公司 CEO 的从业资料，发现积累的工作技能、丰富的专业知识能够促进企业绩效的增长。中国学者对企业人力资本、企业家人力资本、高管人力资本与企业绩效关系的研究十分普遍。孙海法等人通过观察发现，平均受教育程度高的高管团队拥有较丰富的人力资本存量，相比之下他们掌握更多的管理、创新技术，能够在长期的经营期间提高企业绩效。

在非认知能力方面，由于 20 世纪 80 年代之前非认知能力（人格特质）的概念内容纷繁复杂，没有形成统一的、被学界普遍接受的理论框架，学者们关于人格特质对组织绩效、企业绩效的预测力研究结论矛盾重重，二者间的关系并不确定，因而得出人格特质不能预测工作绩效的结论。直到 1985 年大五人格理论模型的出现，学者们有了解释人格特质与工作绩效、管理绩效之间关系的新工具，其应用到企业中可以有效提高企业人员选拔与测评的有效性。摩托维德罗（Motowidlo）在对美国空军机械师的研究中发现大五人格特质能够较好地预测关系绩效，关系绩效并不属于直接的生产、服务活动，而是作为构成组织的社会、心理背景行为与作业绩效的桥梁，通过促进作业绩效来提高整个组织绩效。从团队的角度出发，勒平（Lepine）发现，在控制了认知能力的影响后，团队的人格特征可以预测新环境下团队的绩效。

从中西方的研究结果看，认知能力和非认知能力对人力资本质量都有显著的影响，当综合考虑能力水平时，现实生活中的许多现象都能够找到更合理的解释，人力资本理论从狭义的单维能力框架转为广义的多维能力框架。正如李晓曼等人所说：“与传统人力资本理论相比，新人力资本理论打开了以前被视为‘黑箱’的能力形成的过程。”因此笔者认为，新人力资本的理论框架是由能带来未来收益的能力（认知能力和非认知能力）、技能（培训）及健康（身体健康和心理健康）、迁移等要素共同组成的。

通过理论梳理可以得出如下结论：人力资本理论的发展开始由教育核心转为能力核心，认知能力和非认知能力成为人力资本深度和广度中同样值得重视的部分。

基于现状，笔者对未来人力资本的研究趋势做出预测：中西方学术界至今还没有一个人力资本视角下的非认知能力概念，我们提到的非认知能力还只能依附于认知能力或者援引心理学中的描述，心理学范畴内的非认知能力含有非常多的因子，是否所有因子都能构成人力资本呢？答案是不确定的，所以还需要进一步界定。非认知能力的计量现在主要以西方开发的心理学量表作为支撑，对于中国来说，由于社会制度、经济结构和人文环境与西方有比较大的差异，这一套量表的部分内容很可能会“水土不服”，所以创建一个本土化的非认知能力测量体系对中国丰富非认知能力的研究必不可少。有能够量化的指标后，能否依照传统人力资本理论中建模的方法，将非认知能力导入严谨的数学模型中研究能力对于经济增长、个人收入的影响，会成为中外学者们研究的方向。认知能力和非认知能力之间存在怎样的联系，是互补关系还是替代关系？在能力内部是否可以形成一个完整的架构？暂时还没有研究涉及这些问题。有了新理论的构建，我们将有机会重新审视经济社会中的许多现象和问题，如人力资本投资、不同层次人员就业、个体职业生涯规划、国家相关教育政策等问题，这些问题的出现将推动学者们不断探索人力资本理论的应用空间。

第六节　人力资本薪酬策略的设计与运用

对于现代企业而言，能够促进人力资本价值顺利实现的主要方式即薪酬激励，为了保证薪酬策略的高效运用，企业管理者需要结合自身的经营现状来对原有的薪酬策略进行细致划分。基于此，本节从一般型人力资本、技能型人力资本、管理型人力资本等角度着手，对人力资本的薪酬策略设计与运用方法展开较为深入的研究，以期能够对我国现代企业人力资本竞争能力的全面提高带来一些有价值的参考意见。

笼统一些解释，人力资本指企业通过多方面投资所获得的关于人的知识与技能存量，人力资本不仅是企业核心竞争优势的基础保证，还是提高收益、增强价值内涵的关键资源。正是因为人力资本本身具有较强的主观能动性，因此只要通过一些恰当的激励方法，就能够将人力资本的更多价值发挥出来。截至目前，我国现代企业最为常用的激励方式即薪酬策略，但由于人力资本的价值不具备明确的衡量标准，因此，到底应当在何种形式下选择何种类型的薪酬策略，这是所有企业管理者都需要认真思考的问题。

薪酬指的是企业员工通过工作所获得的外在与内在奖励。其中，内在薪酬是企业员工所获得的精神与心理报酬；外在薪酬指的是企业员工所获得的货币与非货币报酬。薪酬所涵盖的是物质与精神收益这两个层面，前者包括的是基础工资、提成工资、绩效工资、短期或长期的激励货币收入、福利待遇等；后者即为企业安全感、岗位成就感、工作满意度、职位晋升等。再从不同角色的角度来分析，首先，对于社会环境来说，薪酬是所有岗位中的工作人员所能独立支配的经济收入，薪酬水平的高低会对社会的消费能力带来直接性的影响；其次，对于企业而言，薪酬是经营成本的构成部分，如何能运用最低成本来获得最大收益，是企业判断薪酬策略好与坏的主要参考标准；最后，对于员工来说，薪酬是他们用自己的劳动所换的经济收入，是公平的交换结果。

人力资本的概念为："特定行为主体为增加未来效用或实现价值增值，通过有益投资活动而获得的、具有异质性和边际收益递增性、依附于人身上的知识、技术、信息、健康、道德、信誉和社会关系的综合。"从人力资本的定义内容不难看出，相较于劳动力，人力资本具有更强的依附性、无形性、时效性、积累性、创造性以及递增性等特点。

第一，依附性。人力资本存在于个体之中，它与人体呈现出相互包容且相互依赖的关系，因此不能够同物力资本那样进行单独转让、继承以及买卖等。第二，无形性。人力资本本身是一种无形的存在，因此只有借助于日常的生产劳动才能够加以展示。第三，时效性。人力资本并不是先天存在的，必须借助后天的教育和培训活动才能够形成。第四，积累性。人力资本会随着时间的推移而逐步叠加，而且只要通过后天的努力，人力资本的数量才会持续增多。第五，创造性。人力资本具有非常多的创造可能性，因此在企业的整个经济资本体系中，人力资本占据了重要的核心位置。第六，递增性。由人力资本带来的经济收益会呈现出持续递增的状态，相对于物质资本来说，人力资本对企业经济水平的稳定提升起到了更加重要的促进作用。

一、人力资源管理对薪酬激励的设计要求

对人力资本的概念与特征进行了解后可知，除去上文所提到的几点特征以外，人力资本还具有较强的稀缺性。由于人力资本同企业文化、企业发展方向以及管理模式等方面均有十分密切的关联，因此，企业管理者在设计薪酬激励策略时，一定要全面且深入地了解人力资本所具备的几点特征。

企业管理者应当经常性地组织员工培训与教育活动，将员工培训与资本薪酬激励策略巧妙地关联到一起，全面提高企业内部的人力资本存量。由于人力资本是企业在历经较长经营与发展历程后逐步积累起来的，因此，企业管理者不要因开展人力资源培训会增加成本而忽略在职培训的长远价值。事实上，对于现代企业而言，行业中的核心竞争力主要来源于人力资源，正如比尔·盖茨所说："如果把我们公司20个顶尖人才挖走，Microsoft就会变成一家无足轻重的公司。"换言之，如果想要更好地发挥出薪酬策略的应用价值，企业管理者就要尽可能地培养并招收更多优秀的人才，让员工懂得在工作岗位中不断地提升自己，并主动将个人发展与企业的进步目标巧妙关联到一起。

二、企业人力资本薪酬策略的运用方法

（一）一般型人力资本的薪酬策略

一般型人力资本为能够掌握简单知识、应用基本生产技能且在人力市场中比较容易找到替代者的人力资本。基于此，在对一般型人力资本的薪酬策略进行设计时，不需要过多地考虑外部的竞争因素，只需要参考当地劳动力市场的基本薪资待遇即可。另外，企业管理者要注重薪酬政策的内部一致性，当薪酬策略的内部差距在合理的范围时，会对员工带来更多的正向激励，但如果薪酬差距设置过大，那么将会影响到激励作用。

（二）技能型人力资本的薪酬策略

技能型人力资本为具备专业的知识与工作技能，在岗位中具备较强的独立性与自主性的人力资本。技能型人力资本的最大特点是，很难对其工作过程进行动态化监控，因此工作绩效的考核难度也相对较高。对于现代企业而言，技能型人力资本是最主要的培养对象，这部分人力资源的流动范围大致锁定在同行业与国内市场中。基于此，在对技能型人力资本的薪酬策略进行设计时，企业管理者需要全面地了解并掌握行业内的平均水平，同时采用领袖型政策或追随性政策来提升技能型人力资本与企业之间的黏性程度。在制定薪酬结构时，企业管理者还要保证薪酬策略内外部的一致性，如果企业所采用的是宽带型薪酬结构，由于薪酬区间的变动比率比较大，因此更加有利于提升技能型人力资本的工作能力与工作积极性。另外，在设计应用薪酬组合时，企业管理者要结合现阶段的实际情况来灵活选择，也可以通过额外设置一些福利来增强企业对技能型人力资本的吸引力。

（三）管理型人力资本的薪酬策略

管理型人力资本的特征主要表现为短暂性、变动性以及不连贯性这几个方面。在日常工作当中，管理型人力资本每天需要处理几十或上百件的琐碎事务，由于这些事务都有着时限规定和轻重缓急的区别，因此，对于他们的管理能力、组织能力以及协调能力提出了非常高的要求。另外，管理型人力资本会对企业的经营发展与营利能力带来直接性的影响，因此在制定薪酬策略时要优先考虑采用领袖型政策或市场追随型政策，同时还要密切关注来自外部的薪酬竞争。在制定薪酬结构时，也要加大对薪酬策略的内部一致性与外部竞争性，适当地提升福利在薪酬总额中所占比例。

综上所述，通过针对企业内部不同类型的人力资本采用不同的薪酬策略，不仅可以进一步规范企业对薪酬策略设计与应用的控制行为，将优秀的人力资源长时间留在企业内部，全面增强企业的核心竞争能力，而且能够将企业的薪酬价值观念、人力资源管理观念以及企业文化理念充分地展示出来，为企业可持续发展战略目标的顺利实现提供重要的推动力量。

第五章　产业结构化的理论研究

第一节　产业结构生态化转型

发展节能环保产业是推进我国产业结构调整、转变经济发展方式的重要途径，是抢占未来市场，实现国家可持续发展的必由之路。本节介绍了我国节能环保产业发展的现状以及现阶段我国产业结构转型的必要性，重点分析了产业结构转型在劳动力就业、突破传统观念、市场主导等方面的困难，并提出了一些相应的建议，最后总结得出产业结构的生态化转型是国内资源缺乏、粗放型经济发展、环境承载能力达到上限的可持续现实性要求与人们对精神文化需求的增长相应产生的第三产业发展的要求双重作用的结果。

近年来，粗放型经济越来越不适应现阶段我国经济发展的需要，一方面粗放型经济效益低，另一方面粗放型经济需要以牺牲环境与资源为代价。产业结构转型势在必行。我国人口基数大，所有制种类多，所以我国的产业转型是艰难和复杂的。国际大趋势是第三产业的所占比重逐渐增加，新产业新业态层出不穷，未来的市场是服务业的市场，精准定位，做好转型工作，是十分迫切和重要的。

一、产业结构的转型是经济发展的必然趋势

经济发展达到一定的阶段之后就会出现发展动力不足的问题，即所谓的后发优势不足，经济由原来的高速增长转变为现在的中高速增长，高速增长初期所形成的经济结构便不再具有合理性，而是需要调整，使其能够高效利用资源，增加产出率，并具有可持续性。经济发展具有阶段性，经济发展到一定程度后，必须调整产业结构，转变经济发展方式，这是经济发展的必然规律。但若要加快发展，加大国家创新型产业的发展以及相关技术的研发，则必须由国家主导经济发展整体规划与布局。产业结构的生态化转型是经济发展的必由之路，也是国内经济发展的现实性要求。

二、生态化转型对劳动力就业的影响

我国进行生态化产业转型的过程中，同时要兼顾就业。就业是民生之本，是社会人民

安康的根本保障，促进就业应该放在社会发展的优先位置。如何兼顾就业与产业转型是产业生态化转型十分重要的方面。生态化转型会对就业产生以下影响。

（一）在不同教育程度、环境地区产业结构生态化转型对就业的不同影响

环境的转型与就业之间存在U形的函数动态关系，进行产业结构生态化转型的过程中，从一开始进行到产业转型的阵痛期，效率会下降，就业率也会随之下降；当产业结构生态化转型发展到一定的阶段之后，就会对就业产生促进作用，就业率就会上升。

在中、高等教育的地区进行产业结构生态化转型，首先会对就业增长产生抑制作用，后对就业增长产生促进作用。产业结构生态化转型在低水平教育地区始终产生促进作用，这是因为在产业结构生态化转型进行到一定程度后，需要大量技术型的劳动力，高等教育地区相应的高技术人员会相对多一些，当转型进行到一定程度后，会对当地的就业产生促进作用。

（二）结构转型的相关建议

产业生态化转型一开始会对就业产生一定的负面影响。产业转型的力度较弱时，会导致岗位流失，增加就业的难度，而转型达到一定强度时就会促进就业。因此，政府要加大产业结构生态化转型力度。又由于地区之间的教育程度、环境不一样，所以国家在制定政策时要因地制宜，不同的地区要有相应的促进转型实施的政策。

三、传统的价值思维与经济发展的高要求阻碍产业生态结构调整

（一）传统价值思维的阻碍

我国一直是农业大国，到现在农业人口依然占有很大的比例，受传统思维的影响，人们一直倾向于“物美价廉”的东西，因此，第二产业一直以来占有的比重都比较高，第三产业——服务业的比重不够高，制约了产业结构生态化转型。目前，我国的经济进入中低档增速发展阶段，正是转型的重要时期，能否把握好转型的机遇，是新时代经济发展的关键。

（二）产业转型的若干建议

如果不及早改革，拖延的时间越长，将来的改革成本就会越高，现在以第二产业为主的发展模式是以牺牲未来发展为前提的。粗放型经济发展的模式虽然有所调整，环境污染有所下降，但是产业结构生态化仍然任重道远。国家要严肃法纪，严格整顿污染产业与污染企业，对于超过指标上限的企业进行相应的处理。同时要使民众形成良好的环保意识，形成众志成城打好产业转型攻坚战的良好局面。

四、转型主要发挥市场机制的作用，政府起引导作用

拉动产业结构生态化转型的内在动力是市场消费。人民的市场消费结构发生变化，偏向于新兴产业与技术清洁高效产业，那么新兴产业与技术清洁高效产业就会产生可观的行业利润，在市场自发的拉动下，越来越多的企业就会涌进新兴产业与高效清洁产业，有利于我国产业结构生态化的顺利进行。政府要引导切实增加人民收入，做好产业结构生态化转型的宣传，使人民在生活温饱得到保障的基础上，更多地注重精神文化的需求，注重环境的变化，更多地购买新兴产业、生态化产业产品，拉动需求。

十九大报告指出，我国的经济“由高速增长阶段转向高质量发展阶段”，我国正处于“转换增长动力的攻关期”，经济发展规律和我国经济发展现状决定了我国进行产业结构生态化转型已经势在必行。不同环境与教育程度的地区要求转型因地制宜，传统价值思维也对产业结构生态化转型造成一定的阻碍，因此，进行产业结构生态化转型依然困难重重。引导市场需求，政府做好宣传，使人民群众深刻认识到产业结构生态化转型的重要性，做到以市场消费拉动产业转型，成为产业转型的原动力。打好产业结构生态化转型攻坚战，保持经济中高速良好发展，能够在生态、经济两方面都取得良好的成果。

第二节 产业结构与城市化互动关系

产业结构与城市化具有双向互动关系。产业结构演变通过要素流动推动城市化的发展，城市化的发展通过聚集经济效益对产业结构演变起支撑作用。第一产业是城市化的初始动力，第二产业是城市化的根本动力，第三产业是城市化的持续动力。城市化促进了第一产业优化发展，推动了第二产业优化升级，是第三产业发展的“沃土”。

H. 钱纳里和 M. 塞尔昆通过对 100 多个国家的数据回归分析，得到了城市化水平与工业化水平比较的世界发展型式，他们认为工业化是城市化的根本推动力，随着工业化进程的推进，城市化将以越来越快于工业化的速度不断发展。

林玲认为城市的技术扩散与变革使农业生产经营发生变化，农业现代化水平不断提高，同时城市化的进程也将刺激农产品消费的迅速增长，促进农业的生产与发展；景普秋从专业化经济与聚集经济入手，提出工业化与城市化互动的能量聚合体模型。刘秉镰和王家庭认为城市化通过聚集经济效益降低了空间交易费用，增加了对制造业与服务业产品的需求量，从而带动了工业化；安虎森和陈明运用人均 GDP 进行国内外城市化比较研究，认为我国的城市化水平与工业化水平基本相适应；王晓玲通过对长三角地区工业化与城市化进程的实证研究，认为上海工业化与城市化的协调性最好，而江苏和浙江的工业化与城市化

均有不协调之处。陈可认为第三产业对城市化的推动作用主要体现在增强城市经济实力、提高城市生活和人口质量等方面；颜芳芳从理论上分析了第三产业和城市化之间的关系，并对我国的现状进行了分析，认为我国滞后的城市化水平制约了第三产业的发展，反过来，第三产业发展缓慢又阻碍了城市化进程。

到目前为止，国内外对产业结构与城市化的研究相当广泛，但是主要集中在城市化与产业结构的一般关系上，缺乏对产业结构和城市化双向互动关系以及内在机理的探讨。实证的方法主要有时间序列方法、面板数据方法、灰色关联分析方法等，现有文献将统计分析与时间序列分析、面板数据分析结合实证理论假说。本节在借鉴上述研究成果的基础上，先通过理论分析阐明城市化与产业结构演变的双向互动机理，提出理论假说，然后综合运用统计分析、时间序列分析、面板数据分析验证理论假说，提出广东城市化与产业结构演变良性互动的政策建议。

一、产业结构演变与城市化互动关系

产业结构演变与城市化的互动关系表现为如下两方面：第一，产业结构演变通过要素流动推动城市化的发展；第二，城市化的发展通过聚集经济效益对产业结构演变起支撑作用。

（一）产业结构演变—要素流动—城市化

产业结构演变推动要素流动主要体现在两方面：第一，生产要素部门的流动。技术进步总是与产业结构演变过程紧密联系在一起，当某部门率先采用先进的生产技术形成较高的生产率时，该部门将可以提供高于其他部门的工资水平，从而吸引生产要素向该部门流动，使之逐渐发展壮大。生产要素的流动表现为就业结构、产值结构随着产业结构的演变而变化。第二，要素地域流动。产业的性质不同会造成各产业在布局上的差异。一般而言，农业生产具有分散布局特点，而第二、三产业企业生产具有集中布局特点。同时，二、三产业企业生产集中布局还能使企业获取额外的收益。集中布局不仅能促进行业在区域内分工，而且能使企业获得更稳定、更有效的服务，招聘到合适的优秀的员工，获得配套的产品和服务，并且以较低的代价从政府及其他公共机构获取所需的公共物品，降低交易成本，在参与竞争过程中不断创新，进一步提高劳动生产率。第二、三产业较农业本身更容易获得先进的生产技术和价值集中布局的优势，因此能较农业提供更高的收入，促使农村劳动力向二、三产业转移。二、三产业企业通过集中选址，使生产要素向特定区位转移，企业和人口的集聚促进了城市的形成，二、三产业在已有的城市集聚，推动该城市城市化水平的提高。

当然，城市化健康发展必须要求产业结构演变带动的要素部门流动和地域流动同时进行。如果产业结构演变只带动要素部门流动，无地域流动，那么城市化发展也就失去了人口支撑大前提；如果产业结构演变只带动了要素地域流动而无部门流动，由于无相应产业支撑，劳动力的地域流动会造成大量人口失业，进而形成“过度城市化”现象。

（二）城市化—聚集经济—产业结构演变

城市化的过程就是聚集经济形成的过程。城市化与聚集经济互为因果：一方面，聚集经济为城市化的发展提供必要支撑；另一方面，城市化的发展反过来能增强城市聚集经济。城市化依靠聚集经济效应推动产业结构演变主要体现在两方面：其一，通过提供高效的要素供给促进产业结构演变。产业结构演变的前提之一是充足的要素供给，而城市化通过聚集经济的作用正好可以提供大量有效的要素供给。刘易斯·芒德福认为，城市是一个重要的容器，城市的容器功能较其他作为磁体的功能更重要，因为城市还是贮藏库、管者和积攒者。城市工业集中了水电、通信、道路交通等基础设施，为产业结构演变提供了必要的要素支撑。其二，城市化拓宽了区域市场，为产业结构演变提供了需求支撑。城市化的一个显著特征是农村人口不断流向城市，农业人口转变为非农业人口，扩大了城市人口基数，拓宽了消费市场规模。同时，农村人口进入城市后，通过城市人口的“示范效应”引导消费需求，改变了消费需求结构，提升了消费水平，有效地扩大了需求规模，带动了产业结构演变升级。

二、三次产业与城市化互动

（一）第一产业与城市化互动作用

1. 第一产业是城市化的初始动力

城市化是商品经济发展到一定阶段的产物，它总是首先在那些农业分工完善、农村经济发达的地区兴盛起来，是建立在农业生产力发展达到一定程度基础之上的。第一产业是城市化的初始动力主要体现在如下几个方面：首先，第一产业为城市化提供生产生活所必需的粮食。一国或地区粮食供给能力是决定该国或地区城市化水平高低的主要因素之一，第一产业供给能力的差异会导致城市化水平的差异。其次，第一产业是城市化经济运行的原始来源。正是第一产业的原始资金积累才产生了城市的大规模工业化生产。再次，第一产业为城市二、三产业的生产提供原材料。第二、三产业生产过程中的诸多原材料，如木材、棉花等，没有第一产业提供原材料，城市第二、三产业的生产就会成为“无源之水，无本之木”。进而，第一产业为城市二、三产业提供广阔的市场。农村不仅为城市二、三产业提供供给，也是城市二、三产业重要的消费市场。最后，第一产业是城市化关键因素——人的重要来源。

2. 城市化促进了第一产业优化发展

一方面，城市化促进了农村剩余劳动力不断向城市转移，提高了第一产业劳动生产率；另一方面，城市化推动了农业产业化与现代化。随着农村剩余劳动力逐步转移，农村生产开始由原来的小规模生产转变为大规模生产，同时，农村与城市的有效对接为农产品的顺利流通提供了条件，加快了农业产业化与现代化进程。

（二）第二产业与城市化互动作用

1. 第二产业是城市化的根本动力

第二产业是城市化的根本动力主要体现在以下几点：第一，第二产业形成和发展提供了大量就业岗位，促使剩余劳动力由第一产业向第二产业转移，推动了城市化进程；第二，第二产业的规模化生产使大量企业聚集在城市，带动了就业，扩大了消费市场，促进了第三产业的发展，使城市规模进一步扩大；第三，第二产业的发展过程也是城市基础设施不断改进完善的过程，这在一定程度上强化了城市功能。

2. 城市化推动了第二产业优化升级

城市化过程中的聚集经济效益吸引了大量资金、劳动力、技术等生产要素在城市集聚，为第二产业的规模化生产提供了条件。同时，城市完善的道路交通等基础设施和方便的服务网络降低了企业的运行成本，提高了企业运行效率。城市的这一切条件均为第二产业提供了广阔的发展空间，推动了第二产业优化升级。

（三）第三产业与城市化互动作用

1. 第三产业是城市化发展的持续动力

随着经济的发展、产业结构的演变，第三产业开始成为经济发展的主导，成为城市化发展的后续动力。首先，第三产业的发展使生产配套性服务增加，如金融、保险、科技、通信服务业、交通运输业、仓储业、零售服务业、广告业等飞速发展，增强了城市的软实力；其次，第三产业的发展使生活消费性服务增加。随着人们收入的提高，更多的人在追求物质消费的同时开始追求精神享受，促进了城市文化娱乐、医疗保健、旅游度假等生活性服务业的发展，人们生活水平提高，城市发展质量明显提升。

2. 城市化是第三产业发展的“沃土”

第三产业的发展特别是劳动密集型第三产业的发展在很大程度上取决于要素供给。城市的聚集功能不仅为第三产业的发展提供所需的劳动要素，而且为第三产业的发展提供了空间支撑，在城市空间上，产业各部门相互联系，进而演化出金融、保险、教育等新兴第三产业。可见，城市化为第三产业的发展提供了必要的生产要素和发展空间，促进了新兴服务业的发展。

三、工业化不同阶段，三次产业与城市化互动作用

根据产业结构的工业化阶段划分，工业化可以分为六个阶段：不发达经济阶段、工业化初期阶段、工业化中期阶段、工业化后期阶段、后工业化社会阶段、现代社会阶段。在不发达经济阶段，生产力水平较低，农业占据着主导地位，极少有现代工业，而农业的原始积累是城市形成的重要条件。工业化初期阶段，产业结构由农业社会逐渐向工业社会转变，工业中以食品、烟草、采掘、建材等初级产品生产为主，这一时期由于农业原始资本积累较低，没有形成一定规模的工业体系，加之第三产业还没能发展起来，因此，产业结构对城市化的推动作用仍然有限，城市化集聚经济作用还没有形成，对产业结构的支撑作用也较弱。工业化中期阶段，随着重工业的发展，第二产业开始发展壮大起来，第三产业也开始发展，非农业劳动力逐渐占据主体地位，对城市化的推动作用逐渐增强。城市化的集聚经济作用是支撑重工业快速发展和第三产业发展的关键因素。工业化后期阶段，第一产业比重逐步下降，内部结构得到优化，第二产业继续发展，并且比重开始下降，第三产业由平稳增长转入持续高速增长，成为推动城市化发展的主要力量。城市化水平明显提升，对三次产业支撑作用越来越强。后工业化社会阶段和现代社会阶段，各产业内部结构不断优化，同时技术密集型产业与知识密集型产业成为这一时期推动城市化发展的主要力量，城市化基本处于一个平稳状态，对三次产业支撑作用较稳定。

第三节　旅游文化产业结构与生态化建设

随着我国经济增长，文化产业逐渐与旅游产业融合。旅游文化产业结构的升级与生态化建设密不可分，生态化建设促使旅游文化产业可持续化发展。本节对生态化建设中存在的问题进行分析，并提出整改措施，为旅游产业的结构转变提供借鉴，以促进我国旅游经济向好向快发展。

旅游产业生态化是当下旅游业发展建设的目标之一，党的十九大报告中明确了“培育新型文化业态”，指出了文化与旅游产业的融合目标。旅游文化产业发展首先须用到经济循环的理论。早在20世纪60年代，美国经济学家波尔丁就提到了循环经济理论，他认为只有对自然资源进行循环利用，人类才能长久生存下去。在整个循环经济中要做到低开发、高效益、低污染，在保证发展产业利用资源过程中对环境影响最小化的同时，要让资源在经济发展中得到高效合理的利用，做到低碳环保。经济发展的新模式要求低碳环保、对生态经济起到促进作用，以实现低碳生态化旅游的发展目标。另外，须秉承生态化建设理论，其核心是生态与经济的有机结合，达到生态与经济的双重发展。只有

遵循旅游产业的发展规律，在可持续发展理论指导下使旅游产业向生态化方向转变，才能实现经济效益、社会效益和生态效益的更好结合，促进旅游产业的效益最大化，以带动我国经济可持续化发展。

一、旅游文化产业生态建设的特色

生态化的旅游产业相教传统的旅游项目，内容上更加丰富，可以满足不同人群的旅游喜好。在旅游文化产业生态建设中，通过合理的产业布局，可以协调农业、工业和文化的发展，实现资源共享，从而提高地区旅游的接待能力。旅游产业生态化是一个大的系统，关系到诸多企业，每个企业都是其中关键的环节，发挥不同企业的长处以达到共同发展，也加强了旅游文化产业的多样性和抵抗风险的能力。

二、旅游文化产业生态化建设的可行性

我国经济和科技的发展，为旅游产业生态化建设提供了物质基础。旅业行业人才呈现逐年上涨趋势，并且具有较高的文化修养和专业知识，对进一步发展生态建设有独特的优势。政府在旅游产业生态化建设中给予了政策和资金上的双重支持，可以根据对旅游市场的调研，制定符合实际需求的规章和制度，突破旅游产业发展的困境，为其发展铺平道路。另外，游客近年来的素质也有所提高，保护环境的意识有所加强，其中一部分游客积极为旅游文化产业生态化建设建言献策，具有主人翁意识，为产业发展贡献自己的一份力量。当前，我国旅游产业生态化建设出现区域化的现象，有些地区将旅游业作为支柱产业，旅游产业生态化建设比较好。有些忽视了旅游产业生态化的地区，旅游业则发展缓慢，旅游产业收入较少。因此，对旅游文化产业生态化建设的实施势在必行，这是现实所决定的，只有将生态化建设变成旅游文化产业的常态化发展趋势，才能提高整体旅游业的发展水平。

三、旅游文化产业生态建设中存在的问题

（一）生态建设中旅游产品缺乏文化内涵

在旅游产业的建设中，有时过于以生态开发为主，忽视了文化内涵而失去了当地原本的特色。旅游文化承载了地方风格和乡土特色，具有浓厚的人文气息，如果只是一味地追求生态化建设，游客便不能真实地领略当地文化风光，旅游文化产业生态建设的本意也就无从体现。

（二）旅游生态建设产品千篇一律

现阶段，在我国各地的旅游文化生态建设中的产品存在相似性过高的问题。例如，很

多旅游景点的纪念品都是一样的，游乐设施也多有重复，旅游体验项目部分景点都可以见到，使游客缺乏新鲜感，不能更好地体验生态旅游。

（三）经济效益与社会效益不平衡

片面地开发经济效益或者社会效益易导致生态化建设发展不平衡。在生态化建设中，如果只重视经济发展，则会导致文化旅游产品被破坏的现象，从而导致文化旅游产品的文化内涵被忽视。如果只关注社会效益，旅游开发的成本便难以控制，从而造成旅游产品的成本上升、游客的购买力不足等问题。

四、旅游文化产业生态建设的可行性措施

各地在旅游生态化建设和开发中，应重视自身的文化底蕴，保护原有文化不被破坏，使旅游产业的生态建设以文化为依托，开发具有当地特色的生态文化旅游项目。文化旅游产品应当突当地特色，根据原生态环境开发旅游，避免相似性和重复性，使自然之美得以彰显。景区应选择最具有核心优势的旅游产品，打造成具有知名度和影响力的精品旅游线路和文化品牌，提升旅游景区价值。以山东旅游开发为例：青岛临海，可以发展以海洋为主的生态旅游；威海则可以让游客了解中日甲午战争的历史；地处河口三角洲的东营——黄河入海口，可以让游客领略自然的力量，放松身心，享受花园般的城市。所以，应该把突出独有的特色作为生态化建设的着力点。在文化产业生态开发中，要注重成本的控制，既要重视经济效益也不能忽视社会效益，只有二者平衡发展，旅游文化产业生态建设才能可持续发展。绿色环保的生态化建设和可持续化发展的循环经济应相结合，二者齐头并进。

可持续发展作为当今热议的话题，已经成为我国重要的发展战略。旅游文化产业与生态化建设相融合的趋势是必然的，也是合理的。生态化的发展要求做到资源的节约和合理利用，以达到旅游文化产业和生态环境的协调发展，从而实现人与自然的和谐共处。旅游文化产业生态建设将为旅游产业提供新的发展方向和模式，产生积极的促进作用。

第四节 绿色生态农业推进农业产业化结构

现今绿色生态农业受到了更多的关注，其在实际中可以有效地提升农产品的安全，并保证在农业发展中的生态效益。农业产业化是现代农业发展的主要方向之一，其在实际中以市场为导向来对产业结构进行调整，从而可以在农业产业中建立起一体化的经营体系。为此，可以结合绿色生态农业所具备的发展优势来推动农业产业化结构的调整，促使其形成一条绿色、健康、完善的农业产业结构，实现进一步提升农业产业效益的目的。

我国农业在发展的过程中对生态环境产生了较大的影响，资源及能源的消耗在一定程度上增加了生态环境的负担，而在生态文明建设的背景下，绿色生态农业也成为现今农业产业的重要内容之一。通过发展绿色生态农业能够有效地降低对环境的影响及破坏，可以在满足农业发展需求的同时对生态环境进行保护，因此，通过绿色生态农业推进农业产业化结构的调整具有较高的实行价值。

一、发展绿色生态农业推进农业产业化结构调整的要求分析

（一）绿色生态农业的市场化发展

市场化是农业产业化的基础内容之一，也是在产业化结构调整中必须注意的发展方向。在进行绿色生态农业建设及发展的过程中应改变传统的农业经营方式，突破以往农业经营封闭式的状态，切实实现对农业产业化的调整，在实际中充分地挖掘绿色生态农业所具备的优势来对资源进行合理的配置，对绿色生态农业所具备的生态、环保、绿色等要素进行全面的组合，并结合现今农业市场的运行机制及消费需求来进行绿色生态产品购销，保证农业生产的效益。

（二）绿色生态农业的区域化发展

区域化是实现农业产业化的基础条件，可以保证在农业产业化结构中稳定地生产。绿色生态农业，以提高农业综合经济效益、协调生态环境等作为发展的主要目标，并实现农业产业的标准化、统一化的发展，因此具备了实现农业产业化结构调整的要求。绿色生态农业需要以全面、协调的发展模式为基准来构建起区域化的生产基地，这样也可以在区域内建立起符合绿色生态特征的生产布局，使绿色生态农业中的各个生产环节进行有效联系，以此来加强对绿色生态农业的管理，实现区域内农业产业的可持续发展。

（三）绿色生态农业的规模化发展

农业产业化结构中包括了生产、加工、销售、服务等环节，在绿色生态农业发展中需要以农业生产条件为基准来建立起具备规模化特征的产业结构，在绿色生态农业中，生产基地只有具备一定的规模，才能够实现农业产业的专业化、一体化的经营发展。通过扩大绿色生态农业的规模还可以进一步缓解传统农业经营形式与现代农业发展需求之间的矛盾，进而有效地增强绿色生态的辐射力，带动区域内的经济发展。

（四）绿色生态农业的社会化发展

社会化的发展体系能够使绿色生态农业以社会需求为基准来调整其经营方向，可以使产业结构的构成更为科学合理。在绿色生态农业社会化发展中应充分地利用现代技术对农

业产业中的各类信息进行全面的收集，以此来加强对技术、资金、经营、生产等的管理。同时，在农业产业化结构调整中还须注意规范企业的经营运作，结合绿色生态农业的特征来进行规划设计，促使农业生产与企业发展之间可以良好地协调互助，加强绿色生态农业产业发展的规范化、标准化。

二、发展绿色生态农业推进农业产业化结构调整的措施分析

（一）建立多层次的投融资体系

政府和相关金融部门要提高认识并付诸行动，切实给予一定的优惠政策。例如在财政与信贷上，有减免税收、产业保险以及设立绿色农业产业化发展专项基金等；与此同时，还应广开渠道，努力打造多元化、多层次的资金投入体系。在此基础上，还应加大力度积极快速发展新型农村金融机构，如贷款公司、村镇银行、农业互助合作组和信用联盟等。当地主管部门要善于发现并积极扶持绿色农产品市场前景广阔且独具特色的农业高新技术企业，并在规模化发展上给予大力扶持。在做好这方面的同时，还应注意加强对民间信贷方面的规范管理，注重制度建设和法规方面的管理，把相关风险降至最低。另外，“走出去、请进来”，认真学习借鉴先进地区的好思路和好办法，建立健全并逐步完善现有农村信贷担保体制，使得农村小额信贷发放工作步入常态化、规范化的轨道，真正有效地服务于绿色生态农业产业化建设，也可以更好地促进农业保险业健康有序地发展。

（二）调整绿色生态农业产业结构

只有科学合理地调整好农业产业结构，大力优化品种、食物品质、食物生产布局，才能建立健全优质食品加工专用原料生产基地，为绿色食品加工标准化、规模化打下坚实的基础。具体地讲，就是在绿色生态农业发展的过程中尽快建立起完善的生产体系来使其所采用的生产技术和生产方法规范化和规模化，从而有效保证绿色农产品的安全与可靠。例如，加大对草地资源、农作物秸秆等的科学合理利用程度；积极扶持有一定发展条件的养殖场，扩大其规模，从而促进畜产品的快速发展；在水产养殖方面，可在合理有效保护好水域生态环境以及渔业资源的前提下，加快水产养殖业的发展力度和步伐，使绿色水产品行业在市场的占有率上进一步提升。

（三）建立绿色生态农业一体化链条

近年来，政府部门就如何有效建立绿色生态农业一体化体系做了大量的工作，提出了很多有建设性的意见，并逐步进行尝试，取得了一些可喜的成效，在此基础上还制定出了一套切实可行的统一标准，以此进行规范，并不断地完善。例如，在农产品收购上，企业和农户在平等互利的原则与基础上实施产品交易，风险共担，利益共享，最终实现共赢。

事实证明，企业与农户间只有信息共享、利益共存、购销公平、双方平等，所生产的农产品才能保质保量、安全可靠，诚信制度也会不断完善。

（四）培育扶持优秀企业

实践证明，企业得到发展、农民提高经济收益都离不开当时政府的支持与扶持。因而，作为当地政府部门，一定要站在企业与农户的角度，切实担负起相应的责任和义务，想方设法为本地区扶持培育出一批经济与技术实力雄厚、市场影响力大、能带动一方经济发展的绿色农产品龙头企业，唯有如此，才能推进农业产业化更好更快发展。所以，相关政府部门应本着想企业与农户之所想、急企业与农户之所急的态度，加快培育出有实力、有规模、有影响的本地区绿色生态农村企业，从而造福一方。

（五）实现开放性的农业生态系统

在总结经验的基础上，把绿色生态农业由试点示范向产业化方向发展。结合优质农产品基地建设，确保粮油、水果、畜禽、茶叶、蔬菜、水产等大宗农产品的大面积生态化生产；对传统的耕作制度进行改革，把握因地制宜的原则，推广成功的生态农业模式。例如，在林区，天然林区主要承担生态保护功能，对林业要实行分区指导和分类经营，商品林区主要发展人工林，用人工林取代天然林以满足工业用材的需要；在平原地区推广林农复合、草田轮作等用地与养地相结合的耕作制度；在丘陵地区推广千烟洲模式；在滨湖地区推广避洪农业模式。

通过以上分析可以看出，在现代农业发展的过程中，通过绿色生态农业可以有效地改善社会发展与生态环境之间的矛盾，其在推动农业产业化结构调整上有着一定的优势。结合绿色生态农业的内容来建立起完整的产业化结构，使农区在实际中能够实现以绿色生态为基准的一体化经营体系，可以在农业产业中充分地发挥出生态资源产业所具备的优势，在发展生态经济的同时保护生态环境，实现农业产业价值的提升。

第五节　产业结构受到经济一体化的影响

经济全球化是当今世界发展的大趋势，作为东亚经济地区的重要一分子，我国也正在积极地参与到世界经济的发展热潮中，和多个国家、地区加强贸易上的合作，从而让我国在吸纳其他国家产品优势的同时，也能对自己的产业结构进行一个有效的调整。所以，全球经济一体化可以让我国对世界经济发展状态有一个更深入的了解，同时能通过外部的经济环境促进我国的经济产业进行不断的改革和创新。

全球经济一体化让世界各国都从中受益，可以说，全球一体化发展政策加强了各国之间的产业合作力度，也改变了整个世界的经济发展局面。在全球经济一体化的发展过程中，整个世界的经济结构也在不断发生着变化，如各国的产业都可以在国际自由、开放地流动，不同的资源也可以在各国间实现更优化的配置。最重要的是，无论是劳动型产业还是技术型产业，都可以在经济一体化的推动下发生动态化的创新和改变。

一、全球经济一体化的概念以及发展的必要性分析

（一）全球经济一体化的概念

我们可以把全球经济一体化理解为它可以让每个国家的经济都变成一个相互影响、相互连接的状态，消除了所谓的国家歧视，让所有国家变成一个相互依靠、相互依赖的有机整体。从目前我国实施的全球经济一体化发展政策来看，我国正在努力打破洲的限制，向世界化的发展方向努力着。

（二）全球经济一体化发展的必要性分析

全球经济一体化让每一个国家、每一个区域的经济都变成了相互关联的状态，各国、各企业通过贸易上的合作，实现经济共赢的目标。当然，如果一个国家、一个企业的经济状态发生了相应的改变，也会直接或者间接地对周边的国家和企业产生一定的影响。所以，为了让各国的经济可以一直处于稳定的发展状态，就需要所在国家扩大市场规模，打破资源配置方面的局限性，这样才能在国际市场中拥有更多的话语权。

二、经济一体化对我国产业结构产生的积极影响分析

（一）经济一体化提高了我国的经济实力

随着全球经济一体化步伐的加快，我国对外贸易规模也在不断扩大，资金流动量也在不断提升，可以说，这种开放式、自由式的贸易体制已经让我们成功地参与到了世界的经济模块中。也正因如此，我国的经济才有了一个大幅度的提升。世界贸易组织为各国的贸易合作往来剔除了很多障碍，帮助各国节省大量的贸易成本的同时，也可以让各国通过这种统一的贸易规则，让自身的产业可以在国际上自由流通，比如通过互联网信息技术，就让我国和其他国家加强了业务上的合作，而我国在引进更多外资的同时，也可以对自身的产业结构进行不断的调整和优化，这让我国的经济发展可以得到进一步提升。

（二）经济一体化给我国的贸易领域带来了新的发展机遇

经济一体化让我国可以有机会利用到丰富的外资，为我国对贸易的发展建立起了一座重要的桥梁。随着全球经济一体化的进一步推进，推动各国大公司经济发展的重要支撑力

就是跨国公司，而我国经济之所以一直处于比较好的发展状态，也是因为我国通过外资，将自身的剩余资本进行了有效的利用。金融危机使得大部分国家对外资的投入开始大幅度减少，让我国的竞争优势不断增加，这使得我国可以通过不断吸引外资来提高自身的国际竞争力。

（三）经济一体化让我国的贸易结构发生了变化

从改革开放到现在，我国对外贸易在快速发展着，每年的总出口额都在成倍增长。在世界贸易经济体系中，我国贸易已经成为不可或缺的一分子，而且我国贸易也在努力向国外前进。我国的对外贸易快速发展时，对外贸易结构也在随之发生重大改变。首先，在世界经济一体化战略导向中，工业制成品出口量已经远远超过了其他产品，我国实行了经济一体化的出口战略，成功推动了我国工业制成品的发展。比如，我国工业制成品出口总额从 2002 年的 91.2% 上升到 2011 年的 94.7%。由此可见，工业制成品的出口总额每一年都在呈现出逐渐上升的趋势。其次，经济一体化推动了我国的劳动密集型产业。国有企业的放权改制带动了我国的乡镇企业的发展，而以纺织、服装为主的劳动密集型产业通过对外开放，加快了工业化进程，让我国劳动密集型产业成功崛起。

三、经济一体化为我国产业结构带来的不利影响分析

（一）经济一体化对我国的贸易经济结构产生了不利影响

全球经济一体化虽然为我国的经济发展带来了很多好处，但在发展过程中也存在一些相应的风险。比如在 2008 年金融危机过后，通货膨胀、通货紧缩等现象就对我国的金融银行带来了一些影响，而国际经济的传递机制也让我国的产业结构发生了变化，因为我国的经济市场结构本来就比较脆弱，所以一旦受到这种外部因素的强烈冲击，很容易就导致结构崩塌，就有可能发生比金融危机更严重的经济危机，甚至会让整个世界的经济处于崩溃的边缘。

另外，由于全球经济一体化是把各国的经济进行一个连接，从好的方面来看，国际市场可以在很大程度上对我国的产业进行一个全面的保护，但也正是因为这种封闭式的市场保护，容易导致我国的产业和国外产业进行直接的竞争，这样就有可能让我国的一些产业遭到国外产业的无情替代和淘汰。

（二）经济一体化给我国外贸领域带来了一定影响

要想让对外贸易的发展变得越来越好，首先就需要依靠大量的资金进行招商引资。然而，在实行了经济一体化政策以后，我国在贸易引资方面存在一定风险。比如，国外的金融危机导致很多地区在进行对外投资时显得更加谨慎，如果对我国减少了资本的投放，在

某种程度上就会制约我国的金融发展。

四、在经济一体化背景下对我国产业改革提出的建议分析

（一）对经济资源进行合理应用，对产业结构进行不断的调整和优化

首先，我国的产业结构在发展方向的制定上还存在一些问题，所以导致我国的产业结构一直处于失衡的状态。如何平衡好各个产业结构之间所占的比重是我们需要重点解决的问题，只有这样才能让我国各个地区的经济发展尽可能保持平衡的状态。其次，在实行经济一体化的战略导向时，我们需要对国内现有的资源进行合理的安排和使用，要让劳动密集型产业的技术手段不断加强，尽可能让劳动密集型产业向着技术密集型产业不断靠拢。在参与国际经济贸易合作的过程中，也需要引进更多的外资来对自身的产业进行改革和优化，让我国的经济结构变得更加完善。

（二）创新产业生产技术，提高自身在国际市场中的竞争地位

劳动密集型产业是我国在国际市场中的最大竞争优势，尤其像服装、纺织品的总出口额是所有产业当中最高的，所以需要把更多的资金投入到劳动密集型产品当中，也要采纳国外的一些先进技术，赋予劳动密集型产业更多的特点和优势。当然，这就需要对劳动密集型产业的优势和不足进行理性的分析。

（三）提高人才资源的使用率

在全球经济一体化背景下，仅仅依靠技术实现产业结构上的优化和改革是远远不够的。如果想让中国的经济发展道路更富有特色，就需要通过引进和培养更多的人才，在更好地适应全球化发展要求的同时，为全球经济一体化创造更多的机遇，抵挡全球经济一体化在发展过程中出现的一些不利的影响因素。

全球经济一体化为我国带来了全新的机遇和挑战，正因为我国对全球经济一体化政策的有效实施，才在短时间内推动了各个地区的经济发展。从目前全球一体化的发展状态来看，它增强了各国之间的经济联系，也缩短了各国之间的距离。虽然还有一些地方需要改善和加强，但不容忽视的是经济一体化可以让我国更好地利用自己的产业优势向国际迈进。

第六节　以信息化促进产业结构的调整与升级

应用信息技术能够有效提高资源综合利用率、提高劳动生产效率，以信息化带动工业化，促进产业结构的调整与升级，是提高我国国际竞争力、实现跨越式发展的必由之路。

本节从信息化对产业结构的重要意义入手，分析了发展信息产业本身具有促进结构升级的作用、信息化对传统产业结构升级的带动作用、信息化对新兴高技术产业的促进作用以及提高劳动生产率与市场竞争力的意义等，提出了提高对信息化建设的重视程度、加快信息技术与产业的发展、建立健全信息化指标体系、加大信息资源的开发利用、加强法制建设与综合管理等利用信息化促进我国产业结构调整升级的具体措施，以期充分发挥信息化的优势，实现我国经济的跨越式发展。

信息化是当今世界与社会经济的必然发展趋势，加强以信息技术对传统产业的改造力度，大力发展高新技术产业，以信息化促进产业结构的调整升级，以信息化带动工业化，是我国在全球信息化与经济全球化背景下实现跨越式发展的必经之路。如何利用信息化，充分发挥信息化对产业结构调整升级的促进作用，已经成为当下国家寻求经济可持续发展的重要问题。

一、信息化是产业结构优化的必然之举

产业结构的调整与优化是一个动态的过程，指的是产业结构由低水平向高水平发展的状态。具体地讲，产业结构优化主要有四方面特点，分别是产业结构的发展沿着低加工度产业占优势向高加工度产业占优势的方向推进、沿着低附加值产业向高附加值产业方向推进、沿着技术与资金、资本与劳动密集型产业分别占优势逆向递进的方向推进；沿着第一、第二、第三产业优势地位顺位递进的方向推进。

以信息化促进产业结构的调整与优化，是改造落后技术、提高传统产业竞争力的必然之举。如今世界竞争非常激烈，尤其是在我国加入世界贸易组织（WTO）之后，随着全球信息化、经济全球化的加剧，我国在世界大市场中为谋求发展不得不发展新兴产业，利用信息化调整与优化产业结构，因而再也不能单单依靠走传统的工业化道路了。利用信息化带动工业化的发展，是帮助我国在较短时期内实现跨越式发展的有效途径。

二、信息化对产业结构优化的重要意义

（一）发展信息产业本身具有促进结构升级的作用

信息产业是当前迅速发展的朝阳性产业，是我国国民经济的第一大产业，也是我国国民经济的支柱产业与基础产业，信息产业是多边的、快速行业，是高增值产业，是高渗透性产业，是知识密集型产业。信息产业的这些特征所具有的经济优势是其他传统产业无法比拟的，可以说，发展信息产业本身就是在对产业结构进行优化。

（二）信息化对传统产业结构升级的带动作用

对于传统产业而言，信息化的改造带动作用主要有四个方面。第一，组织结构信息化。利用信息化可以高效管理组织内的信息资源与人力物力财力，建立起完善的自主结构模式。第二，管理决策信息化。一是形成辅助决策制定与实施的管理系统；二是建立对技术流程、资金流与物流、人流等相互衔接运作的信息化管理系统，对各项生产要素形成有效管理；三是形成涵盖供应、生产、存储与销售等生产经营全过程的信息化管理。第三，流通过程信息化。形成以市场创新为动力、市场应用为核心的市场信息体系，建设可迅速应对市场环境与外部经济变化的企业营销信息化系统。第四，生产过程信息化。形成能高效利用各种生产要素优化物质生产全过程的，以技术创新为动力、产品创新为核心的企业自动化生产信息运作系统，实现设备智能化、生产过程自动化与产品设计自动化。

（三）信息化对新兴高技术产业的促进作用

信息化对于产业结构的调整主要表现在增加新兴产业的比重，减小传统产业的比重。信息技术在任何一个行业、任何一个产业都能找到自己的用武之地。另外，各个领域的新经验、新技术与新知识等都可以利用信息技术完成由纸质向电子文档方式的转变，从而保证各资料能够更加快捷地存储与传播，使知识的传播范围与深度大大增加。可以说，不管是新兴服务业、新能源产业、新材料工业还是光纤通信、海洋开发、生物工程等，都需要信息产业作为其应用开发的带头部门。

（四）提高劳动生产率与市场竞争力

对原材料与能源的消耗低是信息产业独有的优势，以信息化带动产业结构调整，重点内容在于对落后技术进行改造，代替资源消耗性生产企业，合理利用资源，提高资源利用率。另外，劳动生产率在信息产业与非信息产业相互融合不断促进的过程中也是在不断提高的，劳动生产效率的高低影响着企业在市场上能否站稳脚跟。与发达国家相比，发展中国家在经济发展速度方面是比较缓慢的，但是信息产业是一项新兴的产业，各个国家的发展起点相差不大，而信息产业又是回报比较大的产业，因此，发展中国家提高对信息产业的重视，强化信息化建设，就非常有可能赶上发达国家的脚步，缩短国家间经济、技术上的差距，从而提高国际竞争力。

三、以信息化促进产业结构调整与升级的具体措施

（一）提高对信息化建设的重视程度

思想是行动的先导，提高对信息化建设的重视程度是利用信息化促进产业结构调整与升级的基础。只有强化信息经济与信息价值意识，顺应世界信息经济发展趋势，才能从国

家战略的高度将社会信息化视为推动国民经济发展的主要推动力。也只有从国家战略的高度提高对信息化建设的重视，才能通过实践按价值链整合资源，做好信息资源集成工作，融合信息资源产业化与传统产业信息化，改造传统产业使其信息化，实现实体经济产业的跨越式发展。

（二）加快信息技术与产业的发展

发展信息技术与信息产业是以信息化带动产业结构优化的必要条件，只有信息技术与产业得到不断的发展与优化，才能充分发挥其自身对于其他产业的促进作用。为实现信息技术与产业的发展，需要振兴软件业、通信业与电子信息产品制造业，加大资金投入，拓宽融资渠道，通过加大各方面的支持力度，促进信息技术与产业的发展；要改革用人机制，注重人才开发；增强技术创新能力，并落实政府职能，形成配套完善、高效运转的行业管理体系，加快成果产业化，从而推进我国社会信息化进程。

（三）建立健全信息化指标体系

比较中国在世界信息化发展方面的特点与差异，客观评价我国的信息化发展水平与存在的主要问题，设置我国信息化水平比较与评价方面的统计指标体系，深入研究国家信息化水平的测评方法与相关知识理论，对于我国提高信息能力、制定信息产业发展政策、完善国家宏观调控模式与经济发展战略等都具有非常重要的意义。所以说，为充分发挥信息化的带动作用，非常有必要建立起完善科学的、全国统一的信息化指标评价体系。

（四）加大信息资源的开发利用

强化信息资源的开发利用，健全国家公共信息网。要促进计算机、电视与电信的三网融合，扩大互联网的利用范围，加快用户入网建设，积极发展与完善国家高速宽带传输网络，加快信息基础设施的建设。信息化的核心内容是信息资源的开发利用，但是从目前我国信息化建设现状看，还存在更新速度慢、质量差、范围窄和规模小等问题，信息资源建设远远落后于网络建设。各级政府与管理部门需要积极推进信息资源的共享，为信息资源的开发利用创造有利环境。积极培育信息市场，努力提高信息资源的商业化程度，积极打破单位、部门分割与封闭的状况，努力引入市场机制。提高应用系统的联网程度，不断扩大容量，提高质量。

（五）加强法治建设与综合管理

保护信息知识产权，注重保护国家机密。加强国家信息资源的统一管理，强化信息网络的安全保障体系，完善数据安全保护措施，建立健全统一的统计体系。制定有利于与国际接轨的管理办法以及数据交换标准与行业标准，将信息化的进程和产业发展纳入国家法治轨道，加强信息法治建设与综合管理。

综上所述，信息化对于传统产业结构升级的带动，对于新兴技术产业的促进以及对生产效率与资源利用率的提高等方面都具有非常重要的积极意义，要想实现国家经济的跨越式发展，必须从国家战略的高度重视信息化建设，加大信息资源的开发力度，加强法治环境建设，并加大技术与资金投入，建立健全信息化指标体系，加快信息技术的发展，从而实现信息化对产业结构调整与升级的强大推动作用。

第六章　产业结构的创新研究

第一节　人才素质结构与产业结构一体化

人才是指具有一定的专业知识或专门技能，能够胜任岗位能力要求，能够进行创造性劳动并对企业发展做出贡献的人，是人力资源中能力和素质较高的劳动者。人才是转型之要、竞争之本和活力之源。所以，必须明确人才工作目标，培养造就数量充足、结构合理、素质优良的人才队伍，加快推进人才素质结构与产业结构一体化进程，为实现创新发展、转型崛起、富民兴林的目标提供人才保证。

一、提高认识，推进人才工作常态化

人才工作是个系统工程，必须清醒认识到其重要性，在实际工作中摆在突出位置，经常抓、抓经常，使之常态化。

（一）人才工作是我国未来发展的内在要求

我国目前正处在改革和转型的关键阶段，正确的发展思路需要人才保证，加强人才队伍建设是决定我国发展命运的战略问题。大力实施人才战略，努力造就大量的高素质劳动者、专门人才和一大批拔尖创新人才，是我国未来发展的内在需要。从长远发展的格局出发，就是要把造就结构合理、素质优良的人才队伍作为一项重大战略任务来抓，切实把各类优秀人才集聚到发展上来。

（二）人才工作是提升核心竞争力的内在要求

当今世界，经济全球化深入发展，科技进步日新月异，人才资源已经成为最重要的战略资源。无论是国与国之间的竞争还是企业与企业之间的竞争，最重要的体现就是经济和科技实力的竞争，其实质是人才的竞争。

二、转变观念，推进人才工作科学化

思想引领行动，观念提升境界。推进人才工作必须贯彻落实习近平总书记关于人才工

作的一系列重要指示，树立科学的人才观。

（一）树立人人皆可成才观念

马克思主义唯物史观认为，人民群众是历史的创造者。人人皆可成才观念是群众路线在人才工作中的运用和具体体现，是人的全面发展的本质要求。在实际工作中，我们要克服片面追求文凭职称、论资排辈等错误倾向，把人民群众作为人才的不竭源泉，不拘一格选才用才。

（二）树立人才资源是第一资源观念

人才资源作为最活跃的先进生产力，是其他资源的开发主体，是可持续发展和可再生资源，是开发价值最高、潜力最大的资源。牢固树立人才资源是第一资源的科学观念，就抓住了转变经济发展方式的关键，从思维方式上实现了以物为本向以人为本的转变，就能加快把人才资源转化为人才资本，充分发挥人才资源在推进绿色发展中的基础性、战略性和决定性作用。

（三）树立人才优先发展观念

坚持人才优先发展是贯彻科学人才观的战略路径，是后发经济实现跨越式发展的必然选择。要充分借鉴发达地区人才优先发展的成功经验，依托优势产业实施人才优先开发战略，从招商引资向招才引智转型，实现转型发展。

（四）树立人才投资效益最大观念

人才投资是效益最大的投资，是经济增长和社会进步的源泉和不竭动力。人力资本理论揭示，选择人力资本积累发展战略，较之物质资本积累发展战略更具有相对优势。牢固树立人才投资效益最大的观念，就是要坚定不移走人才资本优先积累的现代化发展之路，努力构建多元化人才投入机制，坚持人才投资优先保证的战略方针，建立人才发展专项基金和发展创业风险投资基金，加大科技创新的研发经费投入，组织实施重大人才工程，建立健全人才投入绩效考评制度，科学编制人才投入预算，提高人才投资效益。

三、创新机制，推进人才队伍素质结构与产业结构一体化

优化人才素质结构是优化产业结构的基础和前提。必须创新人才体制机制，遵循经济社会发展规律和人才发展规律，找到最佳契合点，着力解决一些单位存在的人和事两张皮、见物见事不见人的问题，着力解决人才培养结构与社会需求脱节、所学专业与工作岗位不对口、区域分布不协调、能级层次不匹配等问题，加快推进素质结构与产业结构一体化进程。

（一）要建立共享机制

通过事业留人、政策留人、感情留人、待遇留人等多种有效办法，采取招才引智的人才策略，积极与发达地区进行人才开发合作交流，在区域人才市场、人才服务合作、产学研基地、院士工作站、人才培训、人事政策信息共享等方面加强合作。不唯地域引进人才，不求所有开发人才，不拘一格用好人才，推动区域经济一体化协调发展。

（二）要建立联动机制

遵循"哪里需要什么样的发展，就为哪里提供什么样的人才；哪里需要多大规模的发展，哪里就要布局相应规模人才队伍"的人才发展规律，打破人才身份、地域限制，清理挡在人才流动面前的五个"藩篱"（户口、编制、档案、子女上学、出入境管理），加快组建自己的创新创业团队，实现产学研无缝对接，将引进、集成、转化外来技术、经验、科技成果与自主研发创造相结合，促进技术链和产业链"两链"融合，推动生产技术和科技成果迅速转化为现实生产力。坚持人才开发的市场导向，依托优势产业和重大课题聚才引智，实施投资拉动、项目带动和创新驱动"三动"联动机制，引导人才向重要领域、重大项目和急需行业有序流动。

（三）要建立市场机制

在面向全国人才市场招贤纳士的同时，也要将市场机制引入，围绕人才的需求，抓紧建设人才市场，积极构建特色产业高端人才集聚平台、本土人才培育平台和区域人才交流合作平台"三大平台"，努力打造综合配套改革试验区人才高地。充分发挥人才市场在配置人才资源方面的功能作用，更多地运用市场机制调整优化人才素质结构，以人才素质结构的优先调整引领产业结构的优化升级，以人才专业结构、区域结构、层级结构市场调节来适应经济社会发展转型。

（四）要打造培训产业

经济社会转型的前提是人才转型，人才转型的根本途径是培训开发。一是建立培训基地，充分发挥专业技术人才相对集中的优势，全力打造"六大培训基地"——女职工培训基地、党性教育培训基地、企业财务人才培训基地、生态旅游产业培训基地、党员干部现代远程教育生态教材资源开发基地、国家级职业技能培训基地。把"请进来"讲座拓展为"引进来"培训，实现培养专业技术人才队伍和打造培训产业的双赢。二是整合培训资源，形成培训产业"五大体系"，即以各级党校和职工培训中心为载体，建立健全培训产业组织体系；挖掘职业教师、党校理论教员、专业技术骨干等师资资源，形成本土师资体系；推行职业资格证书和持证上岗制度，制定职业等级与工资待遇挂钩政策，形成合理的政策体系；设立人才基金，加大人才培训的资金投入，按照职工工资总额的

1.5%足额提取教育培训经费，专款专用，形成合理的培训产业资金保障体系；认真贯彻《中华人民共和国劳动法》和《中华人民共和国职业教育法》及相关法律法规，认真履行职工教育培训职责，将职工培训纳入“劳动合同”，严格执行培训产业的法律体系。三是优化素质结构。各级各类人才队伍存量较大，专业结构丰富，是企业和社会的宝贵资源。要依据木桶原理，本着“缺什么、补什么”的“补短板”式培训与“何处长、用何处”的“扩长板”式培训相结合原则，科学合理安排设置培训课程，突出理想信念教育，强化人才工作的政治引领；突出法律教育，提高人才队伍的法治意识和法治观念；突出能力建设，提高人才队伍推动科学发展、处理复杂问题、做好群众工作的本领；突出道德养成，使人才成为践行社会主义核心价值观的道德模范，不断优化人才队伍的素质结构。

第二节　中国产业结构高级化的影响因素

依据产业结构高级化的原理，我们能够确定产业结构高级化的因素和量化指标，在此基础上，对超级结构高级化的模型进行构建，辅以 1992 年—2012 年中国各个省份的调查数据，我们就可以发现，对产业结构高级化影响最大的因素就是社会需要，社会需要决定着产业结构高级化的进程能否顺利进行，而在这里面，对产业结构高级化进程具有最大动力的就是消费者需求，而我国目前的工作进程安排不利于产业结构高级化的发展，这就造成了我国相关行业产业结构迟迟无法实现的现状。

产业结构在稳步健康向前发展的基础上，不断地提高产业联动性和经济收益，这就是产业结构高级化。它不仅能够体现我国相关行业产业结构从简入繁、从零到整的发展历程，更是我国产业结构从过于依赖社会需求到能够自主发展的重要转折点。

首先，产业结构高级化体现在产业升级方面。我国从古至今都以农业为主，开垦荒地，种植作物，自力更生，小农意识强烈，但在目前的产业结构中，服务业等二、三产业已经逐步进入发展的高潮阶段。其次，我国幅员辽阔，人口众多，在制造业和工业发达的基础上，劳动人员数量与日俱增，每一条流水线上都坐满了手动操作的员工，而在产业升级后，大量外来资本的吸入促使生产技术的改进，使人的工作由机器代替，劳动密集型逐渐向知识密集方向转化。最后，提到中国，大部分外国人能想到的就是 made in China，这从侧面说明了我国商品制造业的发达，但也说明我国在高精尖领域的生产能力明显不足，在产业升级的大背景下，我们已经开始转变生产方向，由简单的日用品制造变为汽车零件等有技术含量的产品制造，到最后实现自主研发。

以前文中所叙述的产业高级化内在作用机理的分析作为研究依据，综合考虑政策基础作用在产业结构转变过程中的体现，本节将对产业结构可能造成影响的高级因素划分成了以下几种类型，包括人力资源供给现状、社会各方面需求、技术更新程度以及相关制度影响。

（一）人力资源供给

各个产业结构的发展都离不开人力资源的支持，人力资源对产业高级化建设进程有着较深程度的影响，同样，人力资源也是产业高级结构建设的基础、根本所在。

（二）社会各方面需求

社会各方面需求涉及的范围广泛，其中包括了消费需求、投资需求和进出口需求等，这些内容都会对产业结构高级化调整方向造成非常深的影响。消费需求与社会人均收入水平息息相关，社会人均收入水平发生了较大程度的转变，个人消费倾向的改变会使得社会产业结构发生变化，推动社会产业结构进行调整。主要是采用了人均 GDP 对消费者的实际需求进行反映。需要特别注意的是，政府消费对社会民众消费需求也会造成一定影响，特别是公共服务建设方面的政府消费对社会民众消费需求影响程度较深。所以，在分析阶段应将政府 GDP 指标与人均收入指标进行融合，综合性、全面性地考虑，这样才能更加真实地反映社会民众的消费需求。投资需求可以概括性地分为两方面——划分成固定投资需求和流动投资需求。固定投资需求对相关产业结构调整造成的影响层次较深，同时也是社会产业结构进行转变的直接原因。与此同时，要省略对资本同质性的假定设想，分析海外投资商投资与国内投资存在的较大差异性，在吸收外界先进技术水平，促进技术进步、创新的同时，促使产业结构进行优化和改良。

（三）技术更新

科学技术是第一生产力。技术的不断更新换代是促进产业结构升级不可或缺的重要因素。通过查阅以往相关文献可以清楚地了解到，针对技术更新存在着三种间接性的度量方式。第一种度量方式为投入法，也就是分析技术创新需要消耗的成本；第二种度量方式为产出法，评判依据是专业阶段时间内产出数量；第三种就是技术带来的影响。例如，全要素生产率的多寡会对各个产业的发展以及产业结构升级转化造成较深程度的影响，也是产业结构高级化劳动力建设的根基，可以有效评判人力资源质量以及数量对社会产业结构高级化转变所造成的影响程度。

（四）制度影响

制度对社会产业结构高级化建设也会造成很深的影响，这种影响主要表现为以下几方面：第一方面，现行制度会影响社会人力资源配置方式，具体阐述为应用市场配置还是选用计划配置。这两种配置方式截然不同，市场配置是以市场实际情况为依据的，通过有效的手段和措施进行各种资源配置，产业结构也会依据市场变化趋势进行动态化的调整。第二方面，制度建设和落实会对产业结构调整升级方向造成影响。制度是宏观经济调控的主要方式，也是政府部门对社会经济发展进行约束和控制的有效手段，所以产业结构也会受到制度的影响，但最终会朝着良好方向发展。

在实际工作中，宣传得极为火热的技术创新，在产业结构升级方面，起到的作用非常有限。

在产业结构高级化的发展进程中，技术创新作为不可或缺的一环，有其存在的重要意义，技术创新是产业结构升级这节列车的动力，是产业结构能够继续前行的主要原因。在这方面，我国已经做出了巨大努力进入21世纪以来，我国在科研领域投入的经费越来越多，但与同期的欧洲、日本等国家相比还是有着一定的差距，而在这其中还存在着投资方向失误等错误因素，这就导致技术创新在产业升级的过程中，无法发挥全部作用，而且高新技术在我国的经济生活中应用面极小，无法得到有效应用，这更使得技术创新偃旗息鼓，无法起到重大影响。

本节立足于产业结构高级化的升级原理，对影响因素进行了分析，将其分为社会、技术、人员以及政策四部分。从中我们可以发现，想要加快产业结构高级化速度，就需要不断地开拓创新，提升科研经费；加大力度培养新型人才，争取在未来的一段时间内取得快速进展。只要做到了这几点，相信我国产业结构高级化的彻底完成将指日可待。

第三节　土地治理与农业产业化结构

近几十年来，我国经济发展取得的成就有目共睹，人们的物质生活也非常丰富，然而这一切成就的取得是付出环境污染的巨大代价换来的，因此，环境保护的理念被提到与经济建设同等重要的位置。土地是人类生产和生活的最基本的自然环境，土地遭到严重的水土流失和沙漠化破坏后，严重威胁着我们及后代的生存环境，土地的治理是保护环境的重要内容之一，土地的治理迫在眉睫。为了能够兼顾土地治理和经济建设的同时发展，我国政府相关部门提出土地治理与农业产业化结构调整相结合的战略发展方针，本节从土地治理的概念出发，分析土地治理与农业产业化结构调整相结合中存在的问题，进一步探讨在治理土地的同时调整产业结构，促进经济发展的方法。

随着科学技术的进步和时代的发展，我国进行了全国范围内的整体的农业结构调整。我国是世界上拥有农民数量最多的国家，在这样的农业大国进行农业结构调整，其意义和作用非同小可。经过近几年的努力，虽然取得了一定的成效，但在土地治理方面还存在一些问题。在这个阶段，为了保障我国农业持续、健康、快速发展，土地治理的需求和产业结构调整相结合，应合理有效地开展农业结构调整。

土地治理与农业产业化经营项目有机结合，充分发挥农业综合开发项目优势。土地治理与产业结构调整相结合是新时期农业综合开发的一项重要工作，是实现规模发展、提高投资效率的有效途径。

一、土地治理的概念

土地治理是指利用工程、生物等手段，对不合理利用、低效利用、有待开发利用和被经济建设破坏的水、田、林、路和村进行全面整体治理，改善生产生活条件和生态环境，增加有效耕地面积，提高土地质量和利用的活动。土地治理是盘活存量土地，加强土地节约集约利用，适时补充耕地，提高土地生产力，保护生态环境的重要手段。在中国，土地整理与农村发展，特别是新农村的建设，是保证发展的重要策略，需要保护耕地和城乡统筹土地分配。

二、以市场需求为导向，促进现代农业发展多样化

在政府协调下，各个相关部门共同努力建立以改善农业生产条件为前提的农业结构调整平台，平台建立后土地治理的下一步工作就是调动当地农民群众思想意识，让农民对土地治理后经过调整的农业产业结构能够带来丰厚收益这样的期望坚信不疑。为此，要坚持以市场需求为导向，使土地治理项目建设与农业产业结构调整相辅相成，使现代农业发展更加有活力。

各地区应根据当地的实际农业条件情况和市场需求，建立专营品种蔬菜、水果村镇，建立温室蔬菜和水果大棚，以打造水果专业镇、生态旅游镇等品牌建设为目标，依据本地自然条件采取措施，建立围绕主导产业的发展，带动其他产业发展的思路，大力支持经济效益良好、生态效益明显、农民群众愿意接受的高效农业，调整和优化农业内部结构，培植壮大主导产业。

确定农业结构调整的主要方向，调控土壤调控水利，主抓水果和蔬菜种植，优化结构扩大规模，采用科学的管理办法，顺应市场发展，增加效益，为农业产业结构调整方向。大力调整种植业内部结构，增强项目区经济活力。在新治理的荒坡建立果品大棚，在山岭下的良田培育温室瓜菜。

三、坚持以人为本的原则，促进项目建设与经济发展取得共赢

为改善农业发展条件，农民群众也乐于调整种植结构，但如何保持对现代农业发展的信心，并确保他们获得良好的收入，已成为土地管理的第三步工作重点。为此，他们坚持以人为本的原则，促进项目建设与经济发展取得共赢。

第一，把握政策提供服务，树立农业综合全面发展的理念。从增加投资、促进就业、

明确奖惩、加强管理和保护等方面推出合理的政策。在项目实施中，根据工程的进度和质量，对政府资助资金实行“多干多扶持、早干早扶持，不干不扶持”，以政府资助资金为“诱因”，鼓励群众增加劳动资本投资。同时，还可采取使用权拍卖、租赁等方式快速地承包到户，建立严格的管理责任制，强化监管措施，动员群众自觉保护和增加投资的积极性，形成良性循环。

第二，重视产业服务，找到适合当地种植的经济作物作为主营作物。在帮助建立龙头企业、扶持农民合作组织的基础上，把个体人家经营有困难的事情，通过联合互助带动、打造产业化建设互助合作组织。例如，某食品有限公司是农业综合开发扶持的一家现代化产业项目，主要从事蔬菜加工、果品销售，该公司实施的国家农业综合开发产业化经营贷款贴息“2 万吨速冻水果蔬菜扩建项目”，直接带动农产品基地 2.08 万亩，与近万户农民签订了农产品收购合同，辐射带动农民 0.98 万人，带动农民增收 3416 万元。

第三，加快农产品流通，规范产品管理模式。农业结构调整要敢于跳出初级生产规模，展开横向空间和纵向空间拓展发展，并与其他行业结合，着力开展瓜菜批发市场建设，这样可以有效地抵御和消除农业市场风险。产品合作管理是一种新的伙伴关系，目的是促进不同的生产者和经营者联合。产品合作管理可以使农产品的生产、加工和流通领域有机结合，形成集农、工、贸于一体的产业体系，可以最大限度地提高农业经济效益。产业结构调整可以利用流通部门资金优势、市场优势和信息优势，还能够承接生产单位不能担负的工作，然后通过相互结合形成生产、加工一条龙市场产业链，促进农业专业化、农业市场化和农业社会化，从而享受产业各环节的整体利益。

土在农业结构调整的过程中，要注意研究和解决问题的细节，在一定程度上，土地治理问题可以得到解决。在解决土地管理中存在的问题的前提下，还需要注意土地管理和产业结构调整相结合，将土地管理和产业化项目有机地结合起来，充分认识和发挥农业综合开发项目优势。

第四节　林业产业化经济结构调整的思路

随着我国社会经济的高速发展，我国生态环境也遭受了严重的破坏。随着绿色环保观念的深入人心，如今人们更加注重社会经济与环境保护的协调发展。而在生态环境保护中，森林资源起到了促进生态环境和谐的作用，但是由于林业经济的发展，大量森林资源遭到破坏。因此，在林业经济发展中，要以环境保护为前提，减少对森林资源的破坏，这就要求对林业经济结构进行调整，从而实现社会经济效益与生态效益双赢。

林业经济是现代社会经济发展中的重要组成部分，对现代经济发展发挥着重要的作用。

林业产业发展不仅能够绿化生态环境，还能够促进现代生态环境建设，实现地区的山川秀美的绿化目标。然而，我国林业产业发展虽然取得了一些成绩，但是仍然存在一些问题，需要提出相应的解决思路与对策。为了促进林业经济的绿色发展与可持续发展，我国对林业经济发展的思路和对策进行了进一步的探讨和研究，以寻求最佳发展方式，促进林业产业化发展。

一、林业产业发展现状及存在的问题

（一）林业资源有限

森林面积小，质量不高，不能满足林业发展要求，森林利用率低下，制约林业产业化、规模化的发展，再加上人们缺乏对林业资源的综合考虑，没有进行多种资源的开发利用，产品单一，难以发挥林业资源的优势。

（二）产业结构落后

传统的粗放型林业经营的产业结构已经不能适应当今经济发展的新要求，也不能满足林业产业化发展的新标准，落后的产业结构严重阻碍林业经济的发展，必须进行经济结构调整，才能够实现发展。

（三）扶持力度小

各级部门对林业发展不够重视，应用于林业产业发展的资金不足，高新技术应用少，专业技术人员短缺，难以维持正常发展要求，严重制约林业产业发展。

二、经济结构调整思路

（一）大规模发展种植业

调整林业的林种和树种结构，在退耕还林、荒山绿化、植树造林工作中，优先考虑生态效益，再结合产业类型、产业发展要求，以市场为导向发展经济效益。利用独特的自然环境、有利的地理位置、便利的交通，将林业发展与农民致富联系起来，与世界各地的产业联系，扩大林产品的市场，大力发展林下相关产品，改造林业状态，引进最新品种，改变单一种植，形成一定的产业链条，促进经济快速发展。

（二）形成林业深加工体系

优化林业产业结构，延伸林业发展方向，延长产业链条，实现深加工，增加林产品的附加值，打破传统的行业界限，开辟新市场，大力发展林业加工产业，鼓励和扶持家具业、木板加工业的发展，将林产品与人们的日常生活相联系，挖掘商机，积极引进国内外大型企业，加大资金投入，形成林业深加工体系，增加林木的重复利用次数，提高收入，实现致富。

（三）做好生态旅游业

利用独特的森林资源，大规模发展旅游业。以森林、湿地、野生动物等特色资源为依托，以自然保护区、森林公园、湿地公园建设为载体，发展森林生态观光、森林休闲度假、森林探险、森林科考和生态旅游村等产品，把森林生态引入城市中，实现城乡绿色一体化，加快森林景观开发，发展以自然保护区和森林公园为主的森林旅游业。旅游产业的发展，可带动相关产业发展，对促进整体经济发展具有重要意义。

（四）大规模发展苗木花卉产业

进行经验学习，建立现代花卉经营体系，加大创新，培育名优品种，加速发展苗木花卉业。把苗木花卉生产作为林业结构调整的突破口，抓好名、优、稀、特新品种的引进、繁育和推广，扩大速生常绿灌木生产规模，促进花卉向多元化发展。同时积极开展花卉展览，扩大知名度，引进花卉企业落户。

（五）大力发展野生植物产业

积极发展野生植物栽培、采集业和野生植物加工业。开发中药材品种，研发中成药、保健药、中草药，相应地开发野生植物工艺品、化妆品，延伸产业链条。

三、林业产业调整措施

（一）依靠科教，推进林业结构调整和优化

要充分发挥林业技术推广体系、科技示范体系、技术培训体系在林业结构调整中的作用，加速科技成果转化。加大实用技术普及和新技术推广力度，重点推广优良品种、平衡施肥、花果精细管理及保护地栽培等关键技术。加强基层技术推广机构，积极引进国内外先进技术经验，提高技术人员的技术水平，不断增强科技示范能力。利用多种形式培训林农、果农，实施“绿证工程”，提高林农、果农的整体素质。按照“保老牌、创新牌、引名优、上精品”的总体思路，加强果树优良品种的选育、引进等工作，充分发挥品牌优势。发挥龙头企业作用，促进林业产业经营规模化发展。

（二）发展林业产业的龙头企业

鼓励龙头企业积极发挥示范带动作用，激发群众参与林业产业发展的积极性，带动一大批种植大户，实现农民增收，使林业资源得以充分发挥利用，促进林业产业经营规模化、集约化的发展。把良种选育、引进和推广作为重点，同时要加大育种力度，向良种产业化

方向发展。

（三）应用技术创新发展

加大科技兴林的力度，重点在开展新品种引进繁育，新技术的应用和推广及标准化、无公害、绿色和有机森林食品示范基地建设上下功夫，抓好林果产业技术培训工作，积极开展内引外联，不断开发升级新产品，创造林产品新品牌、新名牌。

第七章　人力资本与产业结构化

第一节　产业结构、就业矛盾与人力资本

当前，人力资本已经成为中国新时代构筑竞争新优势的重要资源。基于人力资本所形成的竞争优势，不仅能够有效缓解比较优势缺失所带来的竞争力下降的问题，还能为中国经济的进一步增长提供新动能。但从目前国内的产业结构以及就业矛盾来看，人力资本尚未完全发挥应有的作用，人力资本所带来的巨大动力仍然有进一步提升的空间。一方面，产业结构的相对落后致使已经形成的高素质劳动力缺乏必要的就业平台，结构性失业仍然是当前的主要问题；另一方面，普通就业岗位劳动力逐步缺失，老龄化以及劳动力的更替使得部分传统岗位劳动力供给不足，人力资本边际产出受到进一步限制。在这种背景下，研究如何进一步优化产业结构，解决当前主要的就业矛盾，对于人力资本效率的提升有着显著的意义。

一、就业矛盾与人力资本效率限制

人力资本作用的发挥依赖于相关的就业平台，基于完善的产业结构与最佳的就业匹配效率，社会资源才能得到有效整合，高素质劳动力的生产效率才能获得有效提升。但目前，我国的产业结构仍然有待进一步完善，主要表现在社会整体产业结构与产业内部结构两个方面。

（一）产业结构相对滞后，就业岗位与劳动力结构存在突出矛盾

从产业间和产业内结构来看，一方面，产业间结构优化的滞后致使相关领域高素质劳动力缺乏应有的就业岗位。当前，我国已培养了大批高素质、技能型人才，为进一步发展我国高端制造业、服务业提供了充足的保障。而产业间结构升级得缓慢，不仅限制了我国产业竞争力的进一步提升，还降低了相关产业对高素质劳动力的需求，高素质劳动力供求矛盾凸显。另一方面，产业内部结构升级优化工作的滞后，使得我国在国际竞争中形成的高素质劳动力缺乏相关的就业平台：一是劳动力素质的提升以及边际产出的提高致使劳动力成本不断上升；二是优化滞后的产业内部结构无法进一步承担现有劳动力的高成本；三

是随着老龄化以及新旧劳动力的更替，传统低端岗位劳动力供给表现出了不足的态势。

（二）结构性就业矛盾限制人力资本效率，人力资本作用有待提升

由于产业结构、就业岗位以及劳动力供给结构的不协调，结构性就业矛盾成为当前就业中的一个突出问题，同时就业结构矛盾的出现也使得当前已经形成的人力资本难以获得应有的发展平台，人力资本作用的发挥以及效力都有待进一步提升。从当前的情况来看，人力资本作用的限制一方面表现在高素质劳动力、技术性人才结构性就业问题上，国内产业结构升级的滞后使得高端产业相关岗位缺失，而产业自身升级优化的滞后使得某一产业链高端环节尚未在国内形成，如此，已经形成的相关技术性人才缺乏发挥职能的基本平台；另一方面则表现为人力资本运行效率的限制，主要有信息不对称、配套资源不到位等情况导致的边际贡献低下等问题，由于当前国内劳动力市场尚未完善，信息不对称导致的摩擦性失业依旧处在高水平位置上，加之低端岗位劳动力供给的不足，人力资本的边际产出无法达到理想的水平。基于上述两个方面的影响，当前人力资本的作用仍然有待进一步提升。

（三）竞争新优势尚待形成，基于人力资本构筑的新动能仍不足

从当前的经济增长情况来看，我国传统依靠低成本劳动力所形成的比较优势正在逐步丧失，人力资本必将成为中国经济增长、参与国际竞争的新优势新动能。但是目前我国仍然处于调整与改革时期，依靠人力资本构建的竞争优势尚未完全形成，基于人力资本构筑的新动能仍然不足，经济增速与前期相比有所放缓。只有进一步完善产业结构，缓解就业结构矛盾，积极构筑人力资本优势平台，发挥人力资本的作用，才能为中国经济的进一步增长提供充足而持续的保障。

二、完善产业结构，提升人力资本效率的相关对策

上述探讨表明，产业结构的相对落后、就业结构问题的存在限制了人力资本效率的发挥，阻碍了当前我国竞争新优势、经济增长新动力的构筑进程。如何完善产业结构，最大限度地解决就业结构问题，构筑人力资本运行平台，对于提升人力资本的效率以及促进新动力的形成有着现实的意义。

（一）积极落实供给侧改革，进一步优化国内产业结构

供给侧改革一方面可以解决结构性需求不足的问题，另一方面也能结合一国实际情况有针对性地对产业结构进行优化调整。当前，我国产业结构较发达，经济提升仍然相对落后，产业内部结构也有待进一步优化升级，这些亟待解决的问题对于人力资本作用的发挥产生了显著的影响。因此，在当前经济发展的过程中，要积极落实供给侧改革，在淘汰落后产能的基础上，积极引导产业朝向高端、高技术、高附加值的方向发展，延伸国内产业

价值链，实现国内总体产业结构优化，提供更多高端技术岗位，使国内产业内部向高端价值链攀登，容纳更多高技能劳动力就业，以此为新形成的人力资本提供发挥作用的平台。

（二）强化政府的服务职能，降低就业市场信息不对称问题

现代信息化社会，传统上还存在的劳动力市场的信息不对称问题已经在很大程度上得到了解决，但是对于相关专业技术岗位，其有明确的岗位指向性和专业限制性，在这种情况下，借助传统信息传递模式来吸纳高技术劳动力无法真正解决信息不对称问题。在产业结构优化的基础上，政府应当积极强化自身的服务职能，通过专业交流会、产业研究论坛等形式，强化技术性人才与企业之间的交流，降低高素质劳动力供给与需求之间的信息不对称问题，进一步提升劳动力供求效率，保障人力资本作用的发挥。

（三）推动配套产业发展，强化劳动力再培训，提升人力资本效率

人力资本作用效率低下的另一个原因是国内缺乏相关的配套产业以及在其他价值链环节上劳动力供给的不足，为了进一步提升人力资本的作用效率，提升人力资本边际产出，在保障产业结构优化与服务政策落实的基础上，国家还应当积极推动生产性服务业等的发展，为相关产业的优化升级提供基本的支持。同时，应一步强化职业教育、劳动力再培训工作，丰富一线技术性劳动力的供给，保障整个产业链劳动力供给的完整性，以此通过双边驱动，为人力资本作用的发挥提供保障，提升人力资本的作用效率。

本节就中国当前产业发展现状、就业市场存在的问题以及人力资本作用的限制进行了探究，尝试探究提升人力资本作用的相关举措。从分析来看，由于当前我国产业结构的相对落后以及产业升级的相对滞缓，劳动力结构性就业问题突出，人力资本缺乏发挥作用的基本平台，从而导致人力资本的作用以及作用效率尚未达到理想水平。基于此，我国应当积极落实供给侧改革工作，完善产业结构；同时强化政府的服务职能，推动配套产业发展，以此为人力资本作用的发挥提供基本平台与配套保障，提升人力资本效率。

第二节　人力资本和产业结构互动关系

人力资本是产业结构转化的推动力量，产业结构的优化决定了人力资本的数量、结构和类型的需求结构，人力资本和产业结构的协调发展共同推动经济增长。本节通过对国内外相关文献的梳理，综合评述了二者关系的理论基础、互动机理和实证研究方法，并就人力资本和产业结构的协同研究的发展提出了自己的观点。

一、人力资本和产业结构调整互动规律：理论研究

配第—克拉克定理阐述了经济发展中就业人口在三次产业中的分布结构的变化规律。那么产业结构和人力资本之间究竟存在何种关系和作用机制呢？

人力资本与产业结构互动间存在一种“推力—拉力”规律，即产业结构调整拉动人才结构调整，人才结构调整推动产业结构调整。从本质上说，产业结构决定人才需求结构，影响人力资源发展方向与水平；人才结构和发展水平是影响产业结构优化与升级的技能基础。具体来说，二者的互动关系体现在以下两方面：

（一）人力资本对产业结构调整的作用及机制

1. 人力资本对产业结构调整的作用

人力资本是产业结构转化的重要基础。人力资本决定了产业结构转化的速度，也决定了产业结构的转化方向。一方面，劳动生产率的提升是产业结构变化的重要因素：另一方面，劳动力素质的高低直接影响着产业结构的演进速度和高级化的实现。倘若一个社会低素质的劳动者所占比重较大，则该社会实现产业结构优化升级的难度将相应增加，速度也会减慢。人力资本对产业结构调整的支撑作用体现在人力资本有效供给不仅有助于提高产业弹性，而且有助于增强产业活力和产业转换承受力。

2. 人力资本对产业结构调整的作用机制

（1）人力资本通过产品供求的变动推动产业结构调整。在供给结构和产业结构以市场需求为导向的前提下，人力资本产品的供给是被动而缺乏弹性的，往往滞后于市场需求从而形成供给不足的问题。而人为因素的外在施加容易造成人力资本的供给过剩，由此造成了人力资本的数量偏差和结构偏差，从而推动产业结构做出相应的调整。

这一作用机制从供需角度可进一步阐述：供给推动体现在人力资本积累通过增强劳动者素质、推动技术进步、改变投资来促进产业结构的调整；需求推动则以人力资本积累能促进社会财富和人均收入增加为前提，进而提高社会总需求，改变需求结构，从而刺激产业结构调整。高永惠和陶同认为需求推动体现在数量与质量两个方面：对不同产品与劳务的需求量不同会造成某些行业或产业的消长，对不同产品与劳务的质量需求推动产品结构与产业结构的升级换代。而人力资本的有效供给能够提高产业转化速度。简而言之，产业结构表现为人力资源的需求结构，人才结构则表现为产业的投入结构。

（2）人力资本通过资源配置推动产业结构调整。产业结构的调整通过产业间以人力资本为主的要素转移来实现，由此产生资源聚集效应与资源置换效应两个方面。聚集效应是指人力资本存量和高素质人力吸引了以物质资本为主的其他生产资源；资源置换效应是指人力资本存量的增加使得普通劳动者被高素质人才或机器部分或全部置换。

对于产业结构调整过程中的这两大资源配置效应，鲜有学者进行相关研究。目前可参照的是高永惠、陶同对我国西部区域的产业结构调整与人才结构的联动研究，他们发现在西部地区的人力资源“克拉克”流动过程中，存在资源聚集效应和资源置换效应，但对于两种效应的具体体现和作用机制并没有进行深入分析。

（3）人力资本通过生产效率影响产业资源转换。在生产过程中，物质资本和人力资本必定会存在摩擦，这主要体现为数量上的不匹配和质量上的不协调，这种资源间摩擦的存在降低了资源转换效率，直接影响产出的大小。而产业资源转换效率是与生产经营技术、组织管理相联系的，其中高素质的人才是影响产业资源转换效率的重要因素。吕宏芬和王君经过实证研究发现，高技能人才和产业结构高度相关。产业资源转换效率静态上体现为劳动力的产业配置问题，动态调整上体现为劳动力的产业间流动问题，产业资源转换效率的高低直接影响了产业结构转换速度。

（二）产业结构优化升级对人力资本配置的反作用

人力资本配置主要是指人力资本的产业配置和地区配置，而配置过程的实质就是劳动力的流动过程，主要包括在产业之间、地域之间以及职业内外的流动。产业结构优化升级对人力资本配置的作用体现在以下几点：首先，产业结构的变迁使得劳动力在产业间的配置发生改变，即人力从衰退的产业中释出，而由兴盛的产业吸纳；其次，市场的诱导机制会使人力资本从低效率的地区、产业、企业向高效率的地方转移；最后，因各产业使用的劳动力密集度不同，对劳动力的需求量和其职业类别结构的要求也有差异。以上三方面都是从需求拉动角度分析产业结构调整对人力资本配置的反作用，实际上产业结构优化还可以通过经济增长间接影响人力资本水平，因为产业结构优化升级带来经济的增长，而经济增长促进人力资本投资能力的提高。

总的来说，人力资本的发展水平与产业结构优化有着相互促进、相互制约的关系，这种关系体现在：第一，合理的人才结构能够实现技术、物质和资本的高效率使用，进而保证各种投入要素的合理流动，为产业结构调整提供强有力的支撑，而产业结构的优化则会带来人力资本利用在广度、深度、效率以及效益上的提高；第二，人才结构的调整受产业结构的制约，产业结构高级化从数量、结构、分布等方面对人力资源开发提出了新的要求，产业结构的发展也必须以人才结构的同步发展为前提。

二、人力资本和产业结构的互动调整：实证分析

（一）实证研究内容及主要观点

1. 从全局角度对中国产业发展的整体状况与人力资本的关系进行论证

对于我国产业结构和人力资本发展状况的整体研究，大部分学者参照了库兹涅茨、钱

纳里和艾金通、西姆斯和塞尔奎因等对劳动力变动和产业结构的演化规律的总结。李仲生结合库兹涅茨模式分析了中国的产业结构和就业结构的变动过程，指出我国产业结构和就业结构还处于发展型阶段，其发展趋势基本上符合世界各国工业化加速阶段结构变化的一般规律。罗文标、黄照升和夏洪胜、赵光辉等也都进行了类似的研究。蒲艳萍在总结各国经济发展规律的基础上，指出我国目前的产业结构呈现出第一产业比重快速下降、第二产业比重居高不下、第三产业发展缓慢的特点。同时，劳动力就业结构的变化对产业结构升级具有能动反作用，主要表现为劳动力素质的高低直接影响着产业结构的演进速度和高级化的实现。

2. 从区域经济学角度出发，验证人力资本对区域产业结构的影响

刘桂芝、张肃分析出东北地区劳动力产业结构和人力资本存量产业结构滞后于 GDP 产业结构，提出人力资本是推动产业结构变化和产业发展的决定因素。而张胜冰、吉宇则将此研究应用于中部地区的分析。张晓旭运用偏离—份额方法分析东部地区、中部地区和西部地区各自的就业增长与产业结构变迁的关系，发现中西部的产业结构变化的地区性特点对就业增长的影响的确表现出与东部沿海地区不同的特征，人力资本的区域分布不平衡状况严重。区域人才状况是区域产业发展和结构调整的决定性因素。

3. 从产业经济学角度分析产业结构和人力资本相结合的产业政策

信息产业是我国工业部门中第一大产业和外贸出口的最大行业。赵光辉运用实证分析方法研究了我国信息产业的人才资本的研发结构、数量结构和质量结构等，针对人才结构与产业结构互动现状提出了自然调整模式、市场机制模式、政府干预模式三大对策。信息产业是上海市的支柱产业，因此高子平运用产业人才结构偏离度指标，以信息产业为例，对上海市的产业结构与人才结构之间的协调性问题进行了深入分析，发现高层次的创新型人才的缺乏和结构失衡直接制约着上海市的产业结构优化。

4. 从结构偏离度出发研究人力资本和产业结构的不协调所引发的就业问题

靳卫东认为人力资本与产业结构转化不匹配，是造成结构性失业的重要原因。中国人力资本的总体水平较低，低层次人力资本比重大，人力资本的区域分布也不平衡，劳动力在产业之间的自由流动受到了很大限制。喻桂华、张春煜同样认为我国的就业问题需要联系产业结构考虑，一方面是产业结构与就业结构不协调的问题，另一方面是产业结构内部的协调发展问题。秦建国、张明明通过分析 1992 年—2008 年我国“产业结构—就业能力”复合系统的协调度的发展态势，发现产业结构与就业能力具有密切的相关性，产业结构与就业能力演变之间的协调性问题对整个国民经济的健康长足发展具有非常重要的影响。

（二）实证研究方法

1. 构建统计指标进行描述性分析

近年来，国内许多学者对就业结构和产业结构偏差进行了大量的实证研究，采用的分析指标主要是产业结构偏离指标和劳动生产率指标。其中，产业结构偏离度 = 产业 GDP 结构比重 / 产业就业结构比重 -1，产业劳动生产率 = 产业产值 / 劳动力就业人数。

除此之外，还有学者运用就业弹性指标探讨产业结构和人力资本之间的相互关系，就业弹性指经济增长率与就业增长率的数量关系。王昊认为我国就业弹性系数下降的根源在于产业结构不合理。李丽莎提出影响就业弹性的重要因素是三次产业的就业弹性与三次产业的产值比重，我国就业弹性偏小的主要原因是三次产业的就业弹性偏小。

2. 运用回归或相关分析

在实证研究中运用最多的是回归分析，其中大部分学者采用格兰杰因果检验研究二者之间的关系。王忠平、史常亮通过构建向量自回归模型（VAR），对江苏省的 GDP 增长、产出结构变动与就业结构变动、社会劳动就业之间的关系进行了 Johansen 协整检验和 Granger 因果关系检验，发现江苏就业结构变动长期滞后于产业结构变动。戴启文、杨建仁运用这一方法研究出江西省人力资本是产业产值的格兰杰原因。

也有一部分学者运用非线性回归模型进行分析。边文霞、何筠、张波、李丽萍、黄薇和张中华、刘继兵就分别利用双对数线性模型、罗默模型、三次方曲线的时序动态分析模型和指数模型进行回归来分析人力资本和产业结构之间的相互影响。

以上两种方法主要运用结构偏离分析对产业结构和人力资本偏差进行研究。为进一步探索影响产业发展的人力资本因素，部分学者对上述所采用的一般性指标进行了改进。孙丽欣将人力资本存量分为专业人力资本存量和基础人力资本存量来分别与产值结构变动进行分析，得出河北省专业化人力资本存量是影响第二、三产业发展的重要因素的结论。杨益民、高子平等人。直接以专业人才数替代从业人员数，修正产业人才结构偏离度指标。经修正后的计算公式为：产业人才结构偏离度 =（GDP 产业构成比 / 专业人才产业构成比）-1。由此可以看出，专业人才与产业结构的错位能够进一步说明不协调的来源，也能更准确地反映产业经济发展的内在需要。

3. 投入产出分析

这一方法主要用于单向考察行业的就业吸纳能力的研究，目前相关方面的研究较少。国内较早应用此方法的学者是雷明，他利用地区投入产出表，计算出各行业劳动力投入次数、就业效应向量和行业产值的就业弹性、总产值就业弹性以及农业就业弹性等。此后，此方法被相继用于对中国各行业吸收就业能力的测度和江苏各行业吸收就业能力的分析，金乃丽、徐盈之则运用此方法对我国信息产业的吸纳就业能力进行分析。

4. 灰色关联度分析

国内外学术界运用此方法进行人力资本和产业结构研究的非常少，目前可查的只有一项，即周建安的中国产业结构升级与就业问题的灰色关联分析，他针对产业结构是多因素变量的特点，采用灰色关联分析方法分析产业结构与就业结构的关联程度，结果表明产业结构与第三产业的就业状况联系最为紧密，而与全社会的总体就业状况关系甚微。

综上所述，在实证分析方面，学者们的研究主要可分为二者的偏离度分析和影响度分析，目前国内关于人力资本和产业结构的互动研究较为充分，但绝大多数停留在三大产业的层面；在方法的选择上，对数据包络分析方法（DEA）、投入产出法的运用并不多，灰度关联分析的应用者则更少，但这两种方法能够有针对性地分别解决产业的人力资本效率评价和产业吸纳能力研究的问题，这是目前的实证研究方法选择上的不足。

三、结论与进一步研究方向

（一）结论

1. 人才结构与产业发展相互促进、相互制约

合理的人才结构能够实现技术、物质和资本的高效率使用，进而保证各种投入要素的合理流动，为产业结构调整提供强有力的支撑，产业结构的优化则会带来人力资本利用广度、深度、效率以及效益的提高。人才结构的调整受产业结构的制约，产业结构高级化从数量、结构、分布等方面对人力资源开发提出了新的要求，产业结构的发展也必须以人才结构的同步发展为基本前提。

2. 我国的人力资本和产业结构呈非对称性

目前我国三大产业的产值结构和就业结构转换之间的偏离度过高，就业弹性偏低，区域结构偏差大，就业结构转换滞后于产值结构的转换，所带来的直接后果是产业结构调整的方向不能发挥资源优势，进而产生生产要素的重新配置的摩擦。主要原因是我国人口增长迅速，劳动力增长速度过快，以致第三产业吸收的就业量无法赶上劳动力供给量。

由此可以看出，国内对此领域的研究已经不再仅仅局限于人力资本对产业结构调整的支撑作用和产业结构对人才结构的反作用研究，而是向互动作用及其机理和二者的偏差产生的一系列就业问题的深入研究方向发展，由定性向定量逐步深化，实证研究丰富。

（二）未来研究方向

1. 人力资本和产业结构调整的分行业研究

国内目前关于人力资本和产业结构的互动研究较为充分，但绝大多数都停留在三大产业的层面，只是从第一、二、三产业的角度提出产业结构调整和人力资本优化的互动政策，

到目前为止，仅有杨益民和高子平两位学者采用等级位差从十三大产业的层面分别对江苏省和上海市十三大产业的人才结构供给与需求协调度进行了进一步分析。同时，各行业吸纳人才能力的分析是评价产业发展和人力资本互动效应的重要方面，对于制定产业的人力资本政策具有指导性意义，分产业的分析也比较多，但对行业就业效应的分析目前稍显不足，可以成为以后研究的方向之一。

2. 产业结构和人力资本的协同研究

目前国内对产业结构和人才结构的研究大部分都是采用回归分析和相关分析对二者的偏离程度及因果关系进行的分析，研究发现二者的结构偏离度较大，人力资本发展不能适应产业结构调整的方向，但是对于二者之间协同程度的研究很少，其中仅有梁向东、殷允杰运用结构变化的协同系数分析出我国劳动者的产业适应性比较弱，导致劳动力市场流动性不强。结构协同研究，作为一种能够较好地描述劳动力结构变动对产业结构变动反应敏感性和适应性的方法，是未来研究的一个重要角度。

3. 产业结构优化升级对人力资本配置的反作用机制的研究

对于人才结构与产业结构之间的互动机理研究，人力资本对产业结构调整的推动作用及作用机制的研究较为充分，但对产业结构优化升级对人力资本配置的反作用机制鲜有研究。并且在作用机制方面，大多数学者从供需层面进行了较为详尽的阐述，而对产业结构调整过程中的资源配置效应层面很少有学者进行相关研究，目前可参照的仅有一项，并且对该作用机制的具体体现还没有进行深入分析。赵光辉提出，应该着手于怎样建立指标体系、运用新的方法建立数据库与过程分析模型，并对互动的情况做动态监测与预警研究，为决策提供重要参考依据。

第三节 区域产业结构优化的人力资本战略

人力资本是区域经济增长的决定性动因，而产业结构则反映区域资源配置与资源转换能力即财富创造能力的高低。在人力资本和产业结构优化的互动过程中，更需要从战略的角度提高人力资本水平，以推动区域经济协调增长，包括构建多元化的投资，增加人力资本投资存量；发展多元化教育模式，促进人力资本结构优化；优化人力资本配置结构，提高人力资本使用效率；缩小区域产业结构差距，建立地区间人力资本良性循环机制等。

人力资本与区域产业结构优化之间存在密切的关系，尤其在知识经济时代更是决定区域产业结构优化的关键因素。一方面，由于人是人力资本的载体，人力资本又是区域产业结构优化的载体，其作用主要体现在充分利用人的生产功能，将人的知识、技能、体能作用于一定的物质和非物质生产要素上，加入各个产业价值创造的运动之中，使人成为这些要素在区域中的最重要的活动载体，而区域人力资本存量的提高又进一步促进了这些要素的产生、集聚和扩散，并通过人力资本的流动和配置推动区域产业结构的升级和优化。另一方面，对大部分产业来说，其先天的要素禀赋固然重要，但更重要的是其创造要素的能力，而这种能力必须通过人力资本加以体现。如果没有充足的人力资本投入，其他要素投入的增加很可能是无效的。因此，人力资本的有效供给、配置和使用就成为提高区域产业竞争力以及区域经济总体竞争力的关键因素。

一、人力资本对产业结构优化的作用

（一）人力资本有效供给有助于提高产业转换速度

在经济发展过程中，产业结构普遍呈现出从劳动密集型为主—资本密集型为主—技术、知识密集型为主的演进轨迹，表现为农业为主的产业结构—工业为主的产业结构—服务业占支配地位的产业结构演进路径。工业化的过程是产业不断创新的过程，而产业转换能力是区域经济发展能力的决定性因素。产业转型是保持经济竞争力的关键，是由失去竞争优势的成熟产业或衰退产业向新兴产业或成长产业转移的过程。产业转型的效率在很大程度上取决于区域人力资本状况，人力资本存量大、供给效率高将为工业经济时代的主导产业（如家电制造业）转换到知识经济时代的产业（如 IT 产业、生物工程业等）提供智力保证；同时，产业结构转换必须立足原有产业，充分利用原有产业的资源基础，并且人力资本能显著地提高产业资源转移弹性，人力资本存量较高的劳动者较一般劳动力能更快、更容易、更有效地适应新的生产环境，资源转移所遇到的阻力相对较小。

（二）人力资本结构有助于区域产业结构的升级

区域经济发展的一个主要表现形式即区域经济结构的变化，经济结构状况是区域经济发展水平的内在标志，区域经济的发展主要源于区域经济结构的优化提升，其中产业结构的升级换代又是最重要的方面。制约产业结构变动的因素很多，其中主要有经济发展因素、需求因素、供给因素、技术因素、制度因素、社会因素等。但许多发展中国家的经济实践表明，影响经济发展最主要的障碍并不是自然资源，也不是物质资本条件，而是缺乏人力资本结构优化的超前性。资本结构与产业结构之间是一种正相关的良性互动的关系，如果人力资本结构的变化与经济发展所需要的产业结构不相适应，使得物质资本与自然资本不能被有效充分地运用，先进的技术也无法顺利实施，那么必将成为区域经济发展的“瓶颈”或“短板”的生产要素。如果一个区域经济有相当充足的人力资本存量，又有相对完善和有弹性的人力资本结构，那么区域产业结构的升级有优化的人力资本结构与之相适应，其升级必将是比较顺利的。

（三）人力资本合理配置加速区域产业转移与扩散进程

区域经济学认为，经济发展空间上的梯度差异，使经济的空间转移与扩散通过资本投资、技术传播和劳动力的迁移从一个地区流向另一个地区。经济的空间流动包括扩散和转移两种方式。这里所谓的“扩散”，即从扩散源向周围地区逐次地、由近及远地连续扩散，扩散强度随距离的阻碍作用而逐渐减弱；而所谓的“转移”，则是指采取跳跃的形式，从一个地区向另一个地区跨过了某个空间距离的流动。一般而言，经济的总体流动往往是两种方式同时发生。无论是产业扩散过程还是产业转移过程，都伴随着人力资本在各产业间或不同地区的流动与配置，产业的转移同时伴随着人力资本的转移，人力资本通过自身的流动和配置效率又推动产业结构在中心城市的升级和产业在区域地理空间上的重组，形成区域优势竞争产业。合理的人力资本配置应充分发挥市场配置的基础性作用，也要充分发挥政府在人力资本配置中的宏观调控作用，建立市场与政府调控有效结合的配置方式，这样将有助于新兴的高科技产业由发达地区向落后地区的扩散和转移，进而缩小地区之间的差距。

（四）人力资本通过技术进步增强产业创新能力

产业创新系统是区域创新体系的核心，体现着区域内一个产业创新能力和竞争力的强弱，也反映出一个产业吸收外来技术和承接外来产业转移的能力。因此，必须不断提高产业创新能力，才能融入产业结构转换的大潮流中。产业创新的核心就是技术进步，技术进步主要是借助科技创新（技术创新是其主要内容），从供给和需求两个方面影响产业的投入产出状况以及生产要素的配置和转换效率，进而推动产业结构变革。从供给方面看，科技创新对产业结构的影响，主要是通过提高劳动者素质，改善生产的物质技术基础，扩大劳动对象范围，提高管理水平等途径来实现的，对产业结构的影响具有直接性；从需求方面看，科技创新对产业结构的影响，则是通过影响生产需求、消费需求以及出口，借助需求结构变动来实现的，属于间接影响。由于区域人力资本的高存量和高素质才是推动技术进步和产业创新的关键因素，因此，产业创新必然要对创新型人力资本具有很强的需求和吸纳能力，来大大提高产业核心竞争力。在最新发展起来的内生经济增长理论中，罗默的研究说明，较高的人力资本水平可以更好地与高新技术融为一体，进而促进物质资本的积累。菲史罗的研究认为，由于高素质劳动力可以通过创造新产品和采取新行为的方式来实现经济发展多要求的专业化，所以人力资本水平对提高物质资本积累起到了很好的促进作用。同时，伴随区域经济与产业的高度发展，素质高的人才会涌向具备活力的产业，形成良性循环，区域产业创新能力将在源源不断的高素质人力资本的带动下不断提高，进而获得并长期保持区域产业竞争优势。

二、区域产业结构优化对人力资本的反馈机制

人力资本存量的增加以及结构的变化会促使区域产业结构的优化，而产业结构的变化又会引起人力资本投资及人力资本结构的优化，二者之间的互动关系非常明显。区域产业

结构的战略性优化以及新产业格局的确定，在由劳动密集型产业占优势比重逐渐向资金密集型、知识技术密集型产业占优势比重的演进过程中，区域经济发展对未来人才会提出更高的要求，这就需要通过加大人力资本投资、优化人力资本结构和提高人力资本使用效率来解决。

（一）产业结构优化对人力资本投资在数量上的影响

劳动密集型产业向物质资本密集型产业过渡时，资本有机构成提高，物质资本的使用增加，简单劳动的使用量相应减少，同时技术工人和初级技术人员的使用量增加，这就要求人力资本投资以在职培训的方式为主，使简单劳动力尽快成长为技术工人。另外，物质资本密集型产业向技术资本密集型产业过渡时，资本资源中物质资本的含量减少，技术资本的含量增加，对高级人才的需求量增加，技术资本是人力资本的物化，因此，对高中级技术人才的操作、指挥和管理的能力的要求提高。在人力资本投资中，侧重于对高技术含量的资本资源的应用、消化、组织、指挥和管理的中级以上人才的培养。从技术密集型产业向知识密集型转换时，人才的创新能力是重要的因素，知识作为要素直接投入生产过程，人的创造力和智力在生产过程中直接物化在产品中，形成高额的附加值，人力资本质量水平是决定这个转化能否成功的关键，人力资源开发应着重于人的知识、智力、创新能力的开发。从劳动密集型产业向劳动技术密集型产业和劳动知识密集型产业转化时，劳动的使用始终占据主导地位，劳动者的素质逐步提高是这种转化的条件，人力资本的投资应注重劳动者广泛的素质提高和数量结构的优化，当然，质量水平重于数量结构。

（二）产业结构优化对人力资本结构提出了新要求

人力资本的投资应适应产业结构优化的要求。一是人力资本结构要适应产业结构的优化趋势，注意知识结构的适当宽度。二是产业结构升级的途径，包括知识技术物化带来的技术资本含量的提高，知识、智力、创造力的直接使用和劳动力素质的整体提高。人力资本必须注意专才、特才、全才开发的结合，既要培养人才在专业领域中成为专才和特才，更要注意培养人才的综合应用知识的能力，掌握全面理论的能力以及组织管理的能力，成为综合性全才。三是区域产业结构外向化对人力资本投资提出了更高的要求，区域产业外向化是区域经济发展到一定阶段后产业结构高级化的主要表现形式，也是现代社会产业发展的主要特点。产业的外向化与经济全球化必然造成区域产业的全球性分工，而只有这样的国际化人才才是这一产业分工的有效载体。因此，迅速储备一批具有国际视野，掌握国际管理经验和国际知识并熟悉国际政治、经济、文化和法律环境的领导人才，才能与区域产业高级化相适应。

此外，针对产业结构升级的复杂性与同级人力资本知识结构的替代性之间的矛盾，在人力资源的组织和管理中，要做好各层次人才的配合和协作工作。在人力资本的开发上，要注重人才的引进、培养和潜力的开发，注重人才开发的多样性、整体性、前瞻性和计划性。

（三）产业结构优化对人力资本配置的作用

各国产业结构演进的历史已经证明，产业结构从初级到高级的演化过程，就是由劳动密集型向资金密集型再到技术和知识密集型逐级演进和发展的过程。产业结构的演进与人力资本配置的优化二者之间是相互制约、相互促进的。人力资本的有效配置是产业结构高级化和合理化演进的推动力量，人力资本配置结构只有与产业结构的变动相适应，才能促进产业结构的高度化和合理化，否则将成为产业结构优化的障碍。产业结构优化中形成的利益差别，也将诱导人力资本向同一方向转移，形成新的适应产业结构的配置格局。从宏观上讲，人力资本配置主要是指人力资本的地区配置和产业配置，而配置的过程实质上就是劳动力的流动过程，包括在地区之间的流动、产业间的流动以及职业内外的流动，它有利于知识、技术、劳动经验的传播和交流，有利于缩小地区间经济发展不平衡的程度，更有利于劳动力的充分合理利用，调动劳动者的积极性，提高就业效益。因此，人力资本的产业间配置规律也要遵循一般时期产业发展的要求和产业结构演变的规律，在区域间的配置上充分发挥各区域优势，鼓励人才区域间流动，使人力资本的使用效率和配置效率不断提高。

三、促进区域产业结构优化的人力资本战略选择

（一）构建多元化的投资，增加人力资本投资存量

增加人力资本投资，包括教育、培训及医疗保健等的投资，是增加人力资本存量和提高人力资本水平的基本途径。教育是人力资本投资的最主要形式，如果教育投资总量和相对量处于低水平，将会严重影响区域内各级学校的专任教师学历合格率、教学设备仪器达标率以及图书配套设备达标学校的比率等指标的提高，进而影响教育投资的效益，最终影响人力资本对经济增长的贡献。区域内各级领导应切实把教育放在超前发展的位置，进一步加大教育投资力度，提高教育经费占地方政府财政支出的比重。然而，政府财政收入有限，为了保证教育经费投入的大幅度增长，仅仅依靠政府财政投入是根本不可能解决问题的。因此，建立以政府投资为基础，以个人和企业投资为主体，同时鼓励社会各界以捐助等方式支持教育事业的发展，各有重点、相互配合、良性互动的多元化投资体系是实现人力资本投资社会化的有效途径。其中，国家财政性教育经费的支出可以贯彻“低重心”的发展战略，主要侧重对基础性教育的投资。对于非义务性教育，可以适时建立政府、社会、家庭和个人多方投入的办学机制，逐步加大社会团体、企业、家庭、个人对教育投资的分担力度；发动社会各界力量增强办学和科研力量，实现中高等教育投资主体的多元化，以减轻政府教育投资的压力，为经济增长奠定坚实的人才基础。

（二）发展多元化教育模式，促进人力资本结构优化

教育是提高人力资本存量和水平的最根本、最传统的途径，因此，区域内要继续大力发展各种形式的教育。除了正规的学历教育，还应发展多元化、多层次的职业教育和在职培训等教育模式。从某种程度上说，职业教育就是就业教育，与正规的学历教育相比，职业教育具有注重实际操作、专业设置灵活、产学结合紧密的特点。职业教育也是人力资本投资的一种有效形式，在世界范围内，职业教育的重要性已经得到广泛认同。发展职业教育，一方面要增加政府对职业教育的投入，另一方面要改变人们认为职业学校的学生都是没有前途的这一偏见。职业学校要以提高学生就业率为办学目的，其课程设置必须与企业的实际需求结合起来，着重培养学生的动手能力、实际操作能力，为企业输送合格的技术工人。就业率的提高，可以吸引更多的人进入职业学校学习。在职培训是人力资本投资的另一种主要形式，但在我国并未得到应有的重视。在德国，培养一名一线工人平均花费 6 万— 7 万马克，约合 23 万— 27 万人民币，而我国企业职工每人每年的培训费只有 60 元人民币左右。因此，我国的职业培训力度有待提高。经常性的职业培训和继续教育，可以使从业人员及时掌握新知识和新技能，以更好地适应现有工作或岗位的需要。此外，随着经济的发展，社会对劳动力素质的要求日益提高，无论是新生就业者。还是转岗的专业人士都意识到，仅凭单一知识和技能已远不能适应企事业单位的用人需要。因此，加强岗位适应性培训和岗前的任职资格培训，是社会与经济发展的客观要求。

（三）优化人力资本配置结构，提高人力资本使用效率

人力资本产业分布不平衡以及人力资本水平不足，会严重影响区域经济结构的优化升级，必须改变第一产业从业人员素质偏低的现状，必须确保第二产业人力资本拥有量，并优化人力资本的行业结构。第三产业聚集了最多的高级人力资本，但从其内部看，初级和中级人力资本仍然占较大比例，应该使其参加各种类型的专业技术培训，最大限度地提高产业内部人力资本水平。此外，释放高等院校及科研机构的研发能力，使其向企业转移是缓解高新技术产业人才短缺的有效措施。强化高校、研究机构与产业界的合作，可以使高级研发人才参与到产业界的研发合作中，灵活运用科研知识，扶持高新技术产业发展。另外，人力资本在三次产业间的配置是反复流动和磨合的动态过程，为了使这一过程更加流畅，需要建立合理的人才流动机制。建立并完善城乡统一机制，包括一般人力资本市场和各个层次的专业化人力资本市场在内的完整市场体系，形成有形市场、网上市场、媒体市场三位一体的招聘格局。鼓励政府有关部门和民间组织积极兴办各类专业化人力资本流动开发的社会保障基金和社会保障制度。这不仅会极大地促进区域人才配置效率，而且还能最大限度地使人才与岗位合理配置，减少人才的闲置和浪费。

（四）利用技术进步契机，促进人力资本成长

技术进步在当代的基本特征体现为人力资本的快速提升。以科技革命为先导，抢抓机遇，促进新型人力资本形成与就业战略优化至关重要。首先，劳动的性质与劳动者群体重新发生分化。在技术进步的背景下，与传统工业社会相对应的“脑力劳动”与“体力劳动”划分，越来越难以反映当代劳动者在质上的差异。其次，劳动者的就业岗位数量结构发生改变。任何一次大的技术进步在淘汰一些就业岗位的同时，在其他相关领域必然要创造一些新的就业岗位，从而为新型人力资本产生提供机遇。再次，劳动力的区域、产业转移有了新特点。工业经济时代，劳动力由农村转向城市，由第一、二产业转向第三产业，这种现象在理论上被称作“配第—克拉克定理”。然而在技术进步不断加速时，相当一部分劳动力转移与流动面临技术“门槛”或壁垒。一些对技术水平要求高的部门更多依靠新增劳动力群体中的高学历、高技能人才来填充，而不是像早期工业化、城市化进程中那样，新兴产业对劳动力的需求主要由前一级基础产业的劳动力转移来提供，可见劳动力在产业间的转移方面呈现出多向性与跳跃性，需要强化教育，增加人力资本供给。

（五）缩小区域产业结构差距，建立地区间人力资本良性循环机制

我国不同的地区之间人力资本分布十分不均衡，造成区域产业结构失衡，各地区经济发展水平参差不齐，因此，建立区域人力资本良性循环机制势在必行。要立足企业和政府的角度，采取不同的有效措施，缩小区域间的产业结构不平衡。站在企业的角度，必须建立区域合作互动共赢机制，在不同地区可以定期或不定期地开展人员经验交流。发达地区和落后地区各有其优势和劣势，二者若能取长补短，就能实现合作共赢。发达地区具有优越的现实条件——先进的技术力量、充足的物质资本、雄厚的人力资本等，完全具备到落后地区开办学校及各类教育、研究机构，对企业员工开展专业技术培训的现实可能。落后地区拥有丰富的自然资源，可以选派部分人员到发达地区接受教育和培训，利用先进的技术开发落后地区的资源，从而实现发达带动落后，最终达到合作共赢的目的。站在政府的角度，要完善宏观调控功能，利用有效的调控与配置机制，从政治、经济和社会等方面清除一切阻碍人力资本合理流动的障碍，打破区域界限，改变分区域分城完善的户籍管理制度、劳动就业制度和社会保障制度。政府要改善教育投资在地区间发展的不平衡和教育结构的不合理，在引导人才在地区间的合理流动时，尽可能收集更多完备的信息，及时、准确地提供各地区人力资本的投资、流动、存量、收益等信息，满足人力资本供给和需求市场双方的需要。经济欠发达地区要通过建立持续有效的激励约束机制，争取“用良好的环境吸引人才，用平等的竞争选用人才，用区域的目标培养人才，用柔性的制度使用人才，用合理的报酬稳定人才，用真诚的感情感召人才”。

参考文献

[1] 徐颜 . 心理学在人力资源管理工作中的应用探析 [J]. 经营管理者，2016：17-20.

[2] 李京华 . 影响人力资源管理培训效果的因素分析 [J]. 现代工业经济和信息化，2016（21）：10-23.

[3] 徐凯 . 人力资源管理在企业经营管理中的重要性 [J]. 现代经济信息，2016（21）：50-90.

[4] 陈芳 . 事业政工与人力资源管理工作问题研究 [J]. 产业与科技论坛，2016（34）：40-67.

[5] 潘春梅 . 人力资源管理中员工培训的重要性分析 [J]. 科技展望，2016（34）：20-50.

[6] 黎华 . 地勘单位人力资源管理现状、问题及对策研究 [J]. 当代经济，2016（33）：70-90.

[7] 李春梅 . 如何使人力资源管理和财务管理实现双赢 [J]. 企业改革与管理，2016（21），148.

[8] 马俊 . 员工视角的企业社会责任、人力资源管理与组织绩效关系实证研究 [D]. 南开大学，2014.

[9] 杨浩，戴月明 . 企业核心专长论——战略重塑的全新方法 [M]. 上海：上海财经大学出版社，2000：36-42.

[10] 吴长煜 . 风险环境下的企业财务战略 [M]. 北京：经济管理出版社，2003：46-52.

[11] 王华 . 成本会计学 [M]. 上海：上海交通大学出版社，2012.

[12] 赵有生 . 现代企业管理 [M].2 版 . 北京：清华大学出版社，2006.

[13] 梁少秋 . 现代企业管理 [M].2 版 . 南京：南京大学出版社，2010.

[14] 周海娟 . 现代企业管理 [M]. 北京：中国发展出版社，2011.

[15] 张忠寿 . 现代企业财务管理学 [M]. 上海：立信会计出版社，2013.

[16] 王化成 . 财务管理 [M]. 北京：中国人民大学出版社，2013.

[17] 刘淑莲 . 财务管理 [M]. 大连：东北财经大学出版社，2012.

[18] 傅元略 . 中级财务管理 [M]. 上海：复旦大学出版社，2007.

[19] 刘益，徐波 . 战略管理工具与应用 [M]. 北京：清华大学出版社，2010.

[20] 刘宝宏 . 企业战略管理 [M]. 大连：东北财经大学出版社，2009.